»Kinder sind Kinder« – Band 14

Franz J. Mönks
Irene H. Ypenburg

Unser Kind ist hochbegabt

Ein Leitfaden für Eltern und Lehrer

2., aktualisierte Auflage
Mit 6 Abbildungen

Ernst Reinhardt Verlag München Basel

Prof. Dr. *Franz J. Mönks,* Lehrstuhl "Psychologie und Pädagogik des hochbegabten Kindes" der Universität Nijmegen, Leiter des Zentrums für Begabungsforschung, Präsident der Europäischen Vereinigung für das hochbegabte Kind.

Irene H. Ypenburg, Publizistin, Herausgeberin einer Loseblattausgabe mit anregendem Unterrichtsmaterial für die Grundschule.

Titelphoto: Luke Golobitsh, Bonn

Die Deutsche Bibliothek – CIP-Einheitsaufnahme

Mönks, Franz J.:
Unser Kind ist hochbegabt : ein Leitfaden für Eltern und Lehrer /
Franz J. Mönks ; Irene H. Ypenburg. – 2., aktualisierte Aufl. –
München ; Basel : E. Reinhardt, 1998
(Kinder sind Kinder ; 14)
ISBN 3-497-01461-3

ISBN 3-497-01461-3
ISSN 0720-8707

Illustrationen: Irene H. Ypenburg

Printed in Germany

Vorwort

Auf Drängen vieler Eltern und Lehrer veröffentlichten wir 1989 in den Niederlanden ein Büchlein über hochbegabte Kinder. Durch viele internationale Kontakte und Vorträge – auch in Deutschland – wird uns immer wieder deutlich, wie sehr fundierte Information auf dem Gebiet der Hochbegabung gefragt ist. Auch die aktualisierte Literaturliste am Ende dieses Buches macht dies deutlich.

In dieser Veröffentlichung gehen die Autoren auf Fragen ein, die Eltern und Lehrer in ihrem Umgang mit Kindern und Jugendlichen haben, die geistig (weit) voraus sind. Fragen wie "Ist unser Kind hochbegabt?", falls ja, "Auf welchem Gebiet?" und "Wie müssen wir dieses Kind erziehen?" werden in diesem Buch ausführlich behandelt. Beispiele aus der Praxis verdeutlichen die Beschreibungen. Der verständlich angegebene Zusammenhang zwischen Theorie und Praxis gibt dem Leser einen guten Einblick in das komplexe Gebiet der Hochbegabung.

Wir danken dem Ernst Reinhardt Verlag für die angenehme Zusammenarbeit und die Bereitschaft, dieses Buch in sein Verlagsprogramm aufzunehmen. Wir danken vor allem den Eltern, Lehrern, Bildungspolitikern und Kindern, die direkt oder indirekt an diesem Buch mitgearbeitet haben. Schließlich danken wir den Mitarbeitern des Zentrums für Begabungsforschung an der Universität Nijmegen, die zum Zustandekommen dieses Buches, jeder auf seine Art, beigetragen haben.

Franz J. Mönks
Irene H. Ypenburg

Inhalt

Einführung

Dieser Leitfaden entstand aus einem praktischen Bedürfnis. Seit Anfang der 80er Jahre findet das hochbegabte Kind auch in der öffentlichen Diskussion zunehmend Interesse. In zunehmendem Maße "wagten" es Eltern, Fragen an Pädagogen und Psychologen zu richten, wie sie ihr (hoch)begabtes Kind am besten erziehen und fördern könnten. Oft geschah es, daß Eltern nach einem jahrelangen Leidensweg den Weg zu uns fanden. Ein derartiger Leidensweg wird sehr treffend in dem folgenden Brief einer Mutter dargestellt:

"Nach einem schwierigen Anfang mit komplizierter Geburt, Atemstörungen und Pflege im Brutkasten entwickelte sich Gabi nach dem ersten Lebensjahr ungewöhnlich schnell. Als sie eineinhalb Jahre alt war, kannte sie alle Farben, mit drei Jahren kannte sie die Uhr, und als sie kaum vier Jahre alt war, konnte sie lesen. Eigenartigerweise fand ich das alles nicht aufregend oder ungewöhnlich, außer dem Lesen. Als unser zweites Kind zwei Jahre alt war, ging ich zur Kleinkindberatung, da ich es nicht normal fand, daß das Brüderchen von Gabi längst nicht das konnte, was Gabi im selben Alter fertigbrachte. Ich machte mir wirklich ernsthafte Sorgen, daß er einen Entwicklungsrückstand hatte.

Inzwischen pendelte ich mit Gabi von einer Beratung zur anderen: vom Kinderarzt zur Erziehungsberatungsstelle, von dort zum Sprachheillehrer und kam schließlich wieder zum Kinderarzt. Nicht wegen Gabis intellektueller oder sprachlicher Entwicklung – diese war ausgezeichnet. Aber sie war extrem schwierig im Umgang, sie war verhaltensauffällig, ließ sich nichts sagen und war zudem überaktiv. Weshalb ich zum Sprachheillehrer mußte, war mir völlig schleierhaft. Aber man ist in einer Situation, in der man jede Hilfe dankbar annimmt.

Im Kindergarten 'paßte' sie sich an, indem sie ängstliches und unterwürfiges Verhalten entwickelte, ein Verhalten, das ganz und gar nicht ihrem Naturell entsprach. Mit fünf Jahren wurde sie in eine Tagesstätte für extrem erziehungsschwierige Kinder aufgenommen. Zu dem Zeitpunkt war ich endgültig am Ende meiner Kräfte und hatte keinen größeren Wunsch, als Gabi aus der Familie zu entfernen. Traurig, aber wahr. Ihr durch und durch negatives Verhalten brachte uns fortwährend an den Rand eines Familienzerfalls."

Endlich, so schließt die Mutter ihren Brief, wurde – als Gabi zehn Jahre alt war – eine Schule gefunden, die ihren besonderen Lern- und Erziehungsbedürfnissen entgegenkommen konnte. Eine jahrelang währende Odyssee hatte ein Ende gefunden.

Immer wieder klagen Eltern und Lehrer darüber, daß oft erst nach langen und mühseligen Anstrengungen, die sich über Jahre erstrecken können, die entsprechende erzieherische und unterrichtliche Hilfe gefunden wird, die das hochbegabte Kind so dringend benötigt. Nicht

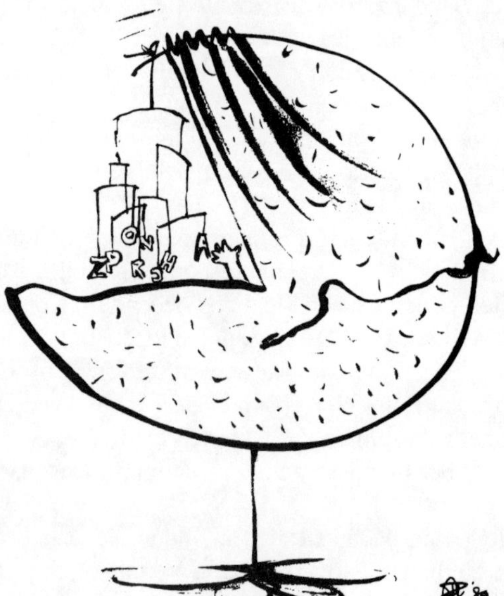

selten bekommen Eltern zu hören: “Sind Sie froh, daß Sie ein so kluges Kind haben. Andere Eltern wären glücklich, wenn sie ein solches Kind hätten. Worüber machen Sie sich eigentlich Sorgen?”

In den letzten Jahren hat sich sicherlich manches zum Besseren des hochbegabten Kindes verändert. Dennoch bestehen ein großes Nachholbedürfnis und ein beträchtlicher Informationsrückstand: Was ist Hochbegabung? Ist sie schon im frühen Kindesalter zu erkennen? Woran kann man erkennen, ob ein Kind hochbegabt ist? Ist es richtig, daß hochbegabte Kinder problematisch sind? Wie können Erziehungs- und Schulprobleme vermieden werden? Alles Fragen, die täglich von zahlreichen Eltern und Lehrern gestellt werden. Dieser Leitfaden soll Hilfestellung bieten beim Erkennen von Hochbegabung und vor allem bei der Erziehung von hochbegabten Kindern in der Familie und in der Schule.

1. Menschliche Entwicklung ist ein dynamischer Prozeß

Bevor der Begriff Hochbegabung näher erörtert wird, ist es notwendig, zunächst auf die Frage einzugehen, was psychische Entwicklung überhaupt ist. Die Entwicklungspsychologie beschäftigt sich mit den Verläufen und Gesetzmäßigkeiten menschlicher Entwicklung. Innere wie äußere Faktoren können eine hemmende oder eine fördernde Rolle spielen. Indem die Entwicklungspsychologie die "Gesetze" der menschlichen Entwicklung erforscht, versucht sie herauszufinden, welche sozialen und erzieherischen Bedingungen zu einer harmonischen und optimalen Entwicklung des Menschen beitragen.

Es ist durchaus möglich, daß eine erzieherische Umgebung, die das eine Kind fördert, keine oder kaum eine Wirkung auf ein anderes Kind ausübt. Das richtige Zusammentreffen von individuellen Anlagen und Bedürfnissen mit einer verständnisvollen und förderlichen Umgebung ist für die Entwicklung eines jeden Menschen von entscheidender Bedeutung. Entwicklung als ein Prozeß der Veränderung findet nicht nur in den Kinder- oder Jugendjahren statt, sondern erstreckt sich über den gesamten Lebenslauf eines Menschen.

Psychische Entwicklung ist ein lebenslanger und dynamischer Prozeß. Die Interaktionen (Wechselwirkungen) zwischen individuellen Anlagen und sozialer Umgebung bestimmen, welches Verhalten (Handeln) und welche Verhaltens- bzw. Handlungsmotive geweckt und manifestiert werden (Mönks/Knoers 1996). Dynamische Interaktion bedeutet, daß sich Anlagefaktoren nicht automatisch nach einem "inneren Bauplan" entfalten, daß das Resultat der Interaktion zwischen Anlage und Umgebung also nicht von vornherein festliegt. Anlage und deren Entwicklung ist immer *Anlage in einer bestimmten Umgebung.*

So kann ein Kleinkind z. B. auffallend aktiv sein in der Erkundung seiner häuslichen Umgebung. Nehmen wir nun an, daß die Eltern gerade das Gegenteil wünschenswert finden, d. h. Ruhe und Ordnung im Hause sind die höchsten zu beachtenden Gebote, dann wird die natürliche Unternehmungslust dieses Kindes gebremst, vielleicht sogar ganz gestoppt. Aus dem zunächst unternehmungslustigen Kind kann sich ein träges und mürrisches Wesen entwickeln und so entsteht als wichtiges Motiv beim Kinde: nur keine unnötigen Anstrengungen! Verhaltensmotive – all unser Handeln und Verhalten ist motiviert – werden in starkem Maße geprägt vom Umgang mit anderen, beim Kinde im besonderen von Eltern und nächsten Angehörigen.

Alle Kinder benötigen für eine gute Entwicklung nicht nur Freiheit und Raum für ihre spontanen Unternehmungen, sondern sie müssen auch angeleitet und gefördert werden, damit sich neue Verhaltensweisen und Handlungsmuster entwickeln können. Aus vielen Untersuchungen wissen wir, daß Kinder zu viel mehr imstande sind, wenn sie entsprechend angeregt werden und an neue Erfahrungen herangeführt werden. Ein Beispiel:

Die Hochschule für Musik "Felix Mendelssohn Bartholdy" in Leipzig startete vor einigen Jahren ein Projekt an mehreren Kindergärten, um der Frage nachzugehen, ob bei geeigneter Förderung mehr musikalisches und künstlerisches Talent entdeckt werden kann. Die Kinder bekamen Musik- und Tanzunterricht, weiterhin wurden Umgang mit dem Computer und Schachspiel angeboten. Überraschend war, daß viele Kinder, bei denen das vorher nicht vermutet wurde, ausgesprochen talentiert waren auf den Gebieten Tanz, Musik und Malen. Außerdem zeigten diese Kinder eine vorher nicht beobachtete Lernbegierde. Eltern und Kindergärtnerinnen wurden mit Fragen und gezieltem Unternehmungsdrang konfrontiert in einem Ausmaß, daß bei den Erwachsenen Erschöpfungszustände eintraten. Offensichtlich hatte das Angebot an verschiedenen neuen Aktivitäten einen Tatendrang und eine Handlungsmotivation bei den Kindern ausgelöst, wovon man vorher nichts ahnte.

Dies ist ein Beispiel, wie durch Förderangebote "brachliegende Handlungsgebiete" geweckt und erschlossen werden können. Es treten Verhaltensweisen und Handlungen zutage, die sich bei entsprechender Förderung weiterentwickeln und stabilisieren. Indem wir demnach ein "verborgenes Talent" durch richtige Förderung gleichsam hervorrufen und es auch weiterhin begleiten, wird uns deutlich, wozu Kinder in der Lage sind.

Dieses und andere Beispiele, die jeder in seiner eigenen Umgebung beobachten kann, machen deutlich, daß menschliche Entwicklung nicht ein mechanischer und starr verlaufender Prozeß ist. Entwicklung ist nicht gleichzusetzen mit einer Schalttafel: Man drückt auf einen bestimmten Knopf und erreicht *ein* bestimmtes Resultat. Menschliche Entwicklung ist immer eingebettet in eine bestimmte und bestimmende Umgebung; sie ist auch nicht immer vorhersagbar, da sie nicht geradlinig verläuft, nicht knopfdruckkonform ist.

Wie kann ein Mensch sich "richtig" entwickeln? Grundvoraussetzung für eine bestmögliche Entwicklung eines Kindes sind befriedigender Umgang und kindgerechte Förderung, d. h. jeweils ausgehend von den Neigungen und Bedürfnissen des jeweiligen Kindes. Fehlt dies, dann kann ein Kind sich nicht entsprechend seiner Anlagen entwickeln. Es ist sicherlich nicht einfach dahinterzukommen, was für *dieses* Kind der richtige Umgang und die richtige Förderung ist. Das Prinzip, auf die Bedürfnisse und Neigungen des *einzelnen* Kindes einzugehen, gilt für alle Begabungsgrade, hoch-, mittelmäßig- oder niedrigbegabt. – Wir werden uns später noch mit der Frage beschäftigen, wie auf die Ansprüche des Kindes auf kindgerechte Art eingegangen werden kann.

Einsicht in Grundprozesse menschlicher Entwicklung eröffnet die Möglichkeit, auch die Entwicklung von hochbegabten Kindern besser zu verstehen. Obschon auch sie abhängig sind von richtiger Aktivierung und Förderung, sind sie in ihrer Eigenart oft so "anders", so herausfordernd und anspruchsvoll in der Aufmerksamkeitszuwendung. Es ist unumgänglich, daß wir in unserem Denken, in unserer Wahrnehmung und in unserem pädagogischen Handeln den besonderen Bedürfnissen dieser Kinder gerecht zu werden versuchen. Dieses Buch soll dazu beitragen, daß sich hochbegabte Kinder und ihre Erzieher besser verstehen lernen und im Umgang miteinander Bereicherung und Freude erfahren.

2. Was ist Hochbegabung?

Vier verschiedene Erklärungsmodelle

Menschen zeichnen sich dadurch aus, daß sie oft verschiedene Ansichten über dieselben Sachverhalte haben. In der Wissenschaft ist es nicht anders. Und auch im Verständnis des Begriffs "Hochbegabung". Hier gibt es viele Definitionsversuche und Begriffserklärungen. Hany (1987) hat festgestellt, daß es zur Zeit mehr als hundert verschiedene Umschreibungen gibt. Bittet man z. B. einen Lehrer, einen hochbegabten Schüler zu beschreiben, dann werden meistens die Intelligenz und das Leistungsvermögen hervorgehoben. Dies ist eine weitverbreitete Auffassung, die auch in wissenschaftlichen Erklärungen ihren Niederschlag gefunden hat.

Im folgenden werden die verschiedenen Auffassungen in vier Erklärungsmodellen dargestellt. Ein Modell dient der Veranschaulichung von Zusammenhängen der Wirklichkeit und ist daher oft eine vereinfachte Wiedergabe von komplizierten Sachverhalten.

a) Fähigkeitsmodelle

gehen von der Annahme aus, daß geistige (intellektuelle) Fähigkeiten bereits im frühen Alter festgestellt werden können und sich im Laufe des Lebens nicht wesentlich verändern, d. h., es sind stabile Fähigkeiten. Die bereits früh erfaßten hohen geistigen Fähigkeiten werden, so die Anhänger dieser Auffassung, oft erst im Erwachsenenalter in besonderen Leistungen zum Ausdruck kommen.

Der bekannteste Vertreter dieser Auffassung ist der amerikanische Forscher Lewis M. Terman (1877–1956). Er ist der Pionier der Lebenslaufforschung bei hochbegabten Personen. Anfang der 20er Jahre startete er bei etwa 1 500 hochbegabten Schülern eine Längsschnittuntersuchung, die auch heute noch fortdauert. Nachweislich bis 1954, nachdem er schon über dreißig Jahre bei hochbegabten Personen Folgeuntersuchungen durchgeführt hatte, ging Terman von der Auffassung aus: Ein als Kind erreichter Intelligenzquotient (IQ) (in seinem Forschungsvorhaben war die Untergrenze ein IQ von 135) wird sich im Laufe des Lebens nicht verändern. Im Jahre 1954, zwei Jahre vor seinem Tode, sagt er in einem bemerkenswerten Artikel in einer Fachzeitschrift, daß die über viele Jahre hinweg gesammelten Forschungsdaten unwiderleglich deutlich gemacht hätten: Intelligenz allein genügt nicht. Leute aus seiner Forschungsgruppe, die es zu etwas gebracht hatten, erwiesen sich nicht nur als sehr intelligent, sondern auch als durchsetzungsfähig und hoch motiviert, und außerdem machte die Lebensgeschichte dieser Erfolgreichen deutlich, daß die soziale Umgebung positiv und förderlich eingestellt war.

In den Vereinigten Staaten gibt es eine von der Bundesregierung aufgestellte Definition. Diese Definition kann auch in die Gruppe der Fähigkeitsmodelle eingestuft werden. Sie wurde von einer Kommission unter der Leitung des Abgeordneten Marland aufgestellt und wird daher kurzerhand *Marland-Definition* genannt:

"Hochbegabte verfügen über verwirklichte oder potentielle Fähigkeiten, die Ausdruck sind von hohen Leistungsmöglichkeiten auf intellektuellem, kreativem, künstlerischem (musikalisch und darstellend) oder spezifischem akademischem Gebiet oder von außergewöhnlichen Führungsqualitäten. Es sind Kinder, die ein differenziertes Unterrichtsangebot und Fördermaßnahmen erfordern, die

gewöhnlich in der Regelschule nicht geboten werden, damit sie ihren Beitrag für sich und die Gesellschaft verwirklichen können."

Trotz der Tatsache, daß diese Definition mit akrobatischem Wortgebrauch einen "blumigen" Eindruck macht, hatte und hat sie einen sehr fruchtbaren Einfluß auf Theorie und Praxis. Natürlich gibt es auch berechtigte Einwände. So werden die starre Eigenschaftsauffassung kritisiert und der Ausschluß von nichtintellektuellen Faktoren. Letzteres wird vor allem kritisiert, weil sich gezeigt hat, wie außergewöhnlich wichtig die Motivation für das Erbringen von besonderen Leistungen ist. Die Definition läßt auch offen, in welchem Ausmaß der betreffende Begabungsfaktor anwesend sein muß, damit ein Kind "hochbegabt" genannt werden kann. Weiterhin fehlt in der Definition jeglicher Bezug zur sozialen Umgebung. Familie, Schule und Freunde fehlen ganz. Und schließlich wird kritisiert, daß in der ursprünglichen Fassung (1972) das psychomotorische Gebiet eigens genannt wird. In der veränderten Fassung von 1978 wird es nicht mehr eigens aufgeführt, sondern als Teil der "darstellenden Künste" verstanden. Die Psychomotorik bei den "darstellenden Künsten" unterzubringen wird für viele ein unbegreiflicher Balanceakt bleiben.

b) Kognitive Komponentenmodelle

richten sich vor allem auf Prozesse der Informationsverarbeitung. Forscher dieser Richtung wollen wissen, welche qualitativen Unterschiede zwischen den Prozessen bestehen. Worin unterscheiden sich beispielsweise hochbegabte Kinder in ihrer Art der Informationsaufnahme und -verarbeitung von durchschnittlich begabten Kindern? Nicht so sehr das Endprodukt, sondern der Weg dorthin steht im Mittelpunkt des Forschungsinteresses. Manche schlagen vor, statt von IQ von *QI* zu sprechen, wobei *QI* für Qualität der Informationsverarbeitung steht.

Es ist zu erwarten, daß diese Forschungsrichtung Ergebnisse über frühe Hinweise (Indikatoren) von Hochbegabung liefern wird. So wird immer wieder von Eltern berichtet, daß ihr begabtes Kind schon im Kleinkindalter auffiel durch selbständiges und produktives Denken, durch eigene Formen der Informationsverarbeitung. Ein treffendes

Beispiel in dieser Hinsicht ist eine Begebenheit mit der zweieinhalbjährigen Klara. Als ihre Mutter eines Morgens in ihr Schlafzimmer kam, sagte Klara: "Wenn man schläft, dann weiß man nicht, daß man schläft." "Wieso?" fragt die Mutter. Klara: "Eben weil man schläft!" Dies ist, wie die Fachleute sagen, eine metakognitive Leistung, die man oft nicht einmal bei Grundschulkindern antrifft (Metakognition = Denken und Reflektieren über das eigene Denken).

c) Leistungsorientierte Modelle

machen einen Unterschied zwischen Anlagen und verwirklichten Anlagen. Nicht alles, was als Anlage oder Möglichkeit im Menschen steckt, wird umgesetzt in Leistungen. Anlage ist jedoch Voraussetzung dafür, daß jemand hervorragende Leistungen vollbringt. Nicht bei allen Menschen entwickeln sich die vorhandenen Anlagen. Oft liegt es an der direkten Umgebung des Kindes, daß sich seine Anlagen nicht richtig entwickeln, weil die besonderen Anlagen nicht erkannt und demgemäß nicht gefördert werden. In der Fachliteratur wird immer wieder eine Dunkelziffer von 50 % genannt, d. h., 50 % der potentiell hochbegabten Kinder bekommen nicht die Förderung und Erziehung, die nötig ist, damit sich ihre Anlagen richtig entwickeln. Kinder in bildungsabstinenten Familien sind in dieser Hinsicht sehr benachteiligt. Hier hat die Schule eine besondere Aufgabe bei der Identifikation und der Förderung solcher benachteiligter Schüler.

Vorteil der leistungsorientierten Modelle ist, daß nicht nur die wirkliche Leistung maßgeblich ist, sondern daß auch den Faktoren Aufmerksamkeit gewidmet wird, die der Verwirklichung von Anlagen im Wege stehen. Diese Modelle sind demnach nicht nur beschreibend, sondern auch zielorientiert: Jeder Mensch soll so erzogen werden, daß er sich in Übereinstimmung mit seinen Fähigkeiten entwickeln kann. Am Beispiel des hochbegabten Leistungsversagers (Kapitel 9 in diesem Buch) wird deutlich werden, daß nicht verwirklichte Anlagen einhergehen können mit einem negativen Selbstbild.

d) Soziokulturell orientierte Modelle

gehen davon aus, daß sich Hochbegabung nur bei einem günstigen Zusammenwirken von individuellen und sozialen Faktoren verwirklichen kann. Dieser Auffassung zufolge gibt es in genetischer Hinsicht keine Stabilität, aber diese besteht auch nicht in sozialer und kultureller Hinsicht. Wie besondere und/oder außergewöhnliche Leistungen bewertet werden und wie Bedingungen für das Erbringen von besonderen Leistungen geschaffen werden, ist in hohem Maße von politischer Einsicht und wirtschaftlicher Voraussetzung abhängig. Wenn sich die Bildungspolitik eines Landes beispielsweise nur auf die Gruppe der Durchschnittlichen und Schwächeren richtet, werden begabte und hochbegabte Schüler in ihren Schulen wenig begabungsfördernde Angebote bekommen, um ihre Anlagen und Fähigkeiten verwirklichen zu können. Im Gegenteil, oft wird das vereitelt, weil man die Klügsten nicht selten als Gefahr betrachtet; sie könnten ja zur "Elite" heranwachsen, und davon hat man ein negatives Bild.

Diese vier Modellauffassungen schließen sich nicht gegenseitig aus, sondern akzentuieren verschiedene Gesichtspunkte, die sich zu einem Ganzen zusammenfügen lassen. Vor allem die Forschungsergebnisse, die der ersten Modellauffassung entspringen, haben wichtige Einsichten erbracht im Hinblick auf frühkindliche Faktoren und auf Störfaktoren in der Entwicklung hochbegabter Menschen. Ergebnisse der zweiten Auffassungsrichtung werden dringend erwartet. Die dritte und vierte Auffassung hat nicht nur einen theoretischen, sondern einen starken praktischen Bezug. Unsere eigene Auffassung wurzelt in der dritten und vierten Modellauffassung.

Ein Fall aus der Praxis

"Regelmäßig kommt sie heulend aus der Schule", erzählt Ellens Mutter. "Ich muß immer solche blöden Sachen tun", sagt Ellen dann, "immer dasselbe, und die Lehrerin will auch nicht haben, daß ich schreibe."

Ellen ist viereinhalb Jahre alt, kann ihren eigenen Namen schon gut schreiben, kennt alle Buchstaben des Alphabets, kann schon gut rechnen und ist sehr geschickt im Zeichnen und Basteln. Zu Hause hat sie ihre eigene Spielecke, wo sie sich aufgeweckt und konzentriert täglich einige Stunden aufhält. Wenn es eine Zeitlang sehr still ist, so wissen die Eltern inzwischen, daß sie dann ein Buch ihrer älteren Schwester liest. Ihre Schwester ist drei Jahre älter.

Den Eltern war an Ellen nichts Besonderes aufgefallen, auch nicht im Vergleich mit ihrer älteren Tochter. Ellen war ganz einfach ein angenehmes, unternehmungslustiges und spontanes Kind. Im Kindergarten nun zeigt sich, daß Ellen eigentlich schon alles kann, was die anderen Kinder noch lernen müssen. Die Kindergärtnerin weiß nicht, was sie mit ihr anstellen soll, und versucht sie dazu zu bewegen, sich genauso wie die anderen Kinder zu benehmen. "Sie muß lernen, sich anzupassen", ist dabei ihre Devise, "sie soll ja nicht denken, daß sie eine Ausnahmeposition bekommen kann!" Die Kindergärtnerin hat den Verdacht, daß Ellen von ihren Eltern zu besonderen Leistungen angespornt wird, und sie findet, daß dieses Kind Recht darauf hat, wie alle anderen Kinder "all die schönen Entwicklungsspiele zu erleben, die gerade für ihr Alter bestimmt sind und die so wichtig sind für eine gesunde psychische Entwicklung".

Wie so viele Kinder mit einem Entwicklungsvorsprung hatte Ellen schon längst zu Hause – und zwar aus eigenem Antrieb und auf ihre eigene Art – damit angefangen, Spiele und Tätigkeiten auszuführen, die die Kindergärtnerin so warm anpries. Zu Hause hatte es nie Schwierigkeiten deswegen gegeben, auch nicht mit der älteren Schwester. Probleme entstanden erst, als Ellen in den Kindergarten ging und sich dort dem Rhythmus ihrer Altersgruppe anpassen mußte. Die Kindergärtnerin will um jeden Preis, daß Ellen sich anpaßt. Ellen wird dadurch verunsichert, wird scheu und fühlt sich zunehmend unglücklich. Die Eltern fangen an zu zweifeln, ob sie in ihrer Erziehung Fehler gemacht haben und ob sie Ellen anspornen sollen, in der Schule gehorsamer zu sein.

Wahrscheinlich ist der Kern des "Problems", daß Ellen sehr begabt ist und einen deutlichen Entwicklungsvorsprung vor ihren Altersgenossen hat. Da es sich bei Ellen um einen Beratungsfall handelt, verabreden wir mit den Eltern, das Kind testpsychologisch zu untersuchen, um zu sehen, ob es hochbegabt ist. Anhand der Ergebnisse kann dann mit den Eltern überlegt werden, welche Maßnahmen für eine richtige Begleitung Ellens ergriffen werden müssen.

Bevor wir auf diesen Praxisfall weiter eingehen, müssen wir uns in das Drei-Faktoren-Modell der Hochbegabung vertiefen, damit das weitere Vorgehen auch theoretisch unterbaut ist. Dieses Modell nennen wir auch "Triadisches Interdependenzmodell".

Das Mehr-Faktoren-Modell: Fähigkeit + Kreativität + Motivation

"Hochbegabt" ist genauso wie "normalbegabt" ein beschreibender Begriff. Eine besondere Begabung kann in motorischen, sozialen, künstlerischen oder hohen intellektuellen Fähigkeiten zum Ausdruck kommen. Oft treten diese Begabungsformen gemeinsam auf. Es gibt auch außergewöhnliche Talente auf bestimmten Gebieten, wie z. B. Musik. Eine besondere Anlage auf einem oder mehreren der genannten Gebiete zu besitzen reicht noch nicht aus. Jede Anlage – durchschnittlich oder außergewöhnlich – erfordert Begleitung und Förderung, damit sie sich entwickeln kann. Der direkteste und unentbehrlichste Nährboden ist die soziale Umgebung. Hierauf werden wir noch näher eingehen.

Hochbegabung kann man erst dann erkennen, wenn sie sich manifestiert, d. h. in außergewöhnlichen Leistungen oder Handlungen zum Ausdruck kommt. In den noch folgenden Kapiteln wird dargelegt, daß es für hochbegabte Kinder nicht immer einfach ist, ihre besonderen Anlagen auch zu verwirklichen.

Hochbegabung, besser gesagt intellektuelle Hochbegabung, im hier gebrauchten Sinne, umfaßt mindestens folgende drei Persönlichkeitsmerkmale: *hohe intellektuelle Fähigkeiten, Kreativität* und *Motivation.* Diese drei Faktoren hängen zusammen, wir nennen sie daher eine "Triade" (drei zusammengehörige Dinge).

Der Mensch ist seinem Wesen nach ein soziales Wesen. Das bedeutet, daß für eine gesunde Entwicklung ein guter sozialer Austausch mit insbesondere der *Familie,* der *Schule* und dem *Freundeskreis* unentbehrlich ist. Diese Sozialumgebung ist die zweite Triade, die zur Verwirklichung von Anlagen wesentlich beiträgt. Eine gut verlaufende Interaktion zwischen Person und Umgebung kann erst dann zustande kommen, wenn sich die betreffende Person auch genügend soziale Kompetenz zu eigen gemacht hat, d. h. fähig ist, mit anderen einen befriedigenden Umgang zu haben.

Hohe intellektuelle Fähigkeiten bedeutet, daß die Intelligenz, die mit einem Intelligenz- oder Fähigkeitstest gemessen wird, über dem Durchschnitt liegt. Dies wird zumeist anhand eines Intelligenzquotienten (IQ) ausgedrückt. Obgleich keine genaue Grenze gezogen werden kann, ab wann die Intelligenz über dem Durchschnitt im hier gemeinten Sinne liegt, gehen wir bei unserer diagnostischen Arbeit davon aus, daß der IQ-Wert bei oder über 130 liegt; im allgemeinen sprechen wir lieber von den obersten 5 – 10 %.

Motivation bedeutet, daß jemand den Willen und das Durchsetzungsvermögen hat, eine bestimmte Aufgabe oder eine angefangene Arbeit auch zu Ende zu führen. Motivation bedeutet auch, daß man sich von einer bestimmten Aufgabe angezogen fühlt, daß man Spaß an etwas hat (Gefühlskomponente). Sie bedeutet weiterhin, daß man Ziele setzen kann, Pläne machen kann (kognitive Komponente) und daß man Risiken und Unsicherheitsfaktoren in Kauf nehmen kann (Zukunftsperspektive).

Kreativität bedeutet, daß man die Fähigkeit besitzt, auf originelle und erfinderische Manier Lösungen für Probleme zu finden. Kreativität kommt nicht nur im Lösen von Problemen zum Ausdruck, sondern auch im Aufspüren von Problemen (problem finding). Hierin zeigt sich in besonderem Maße selbständiges und produktives Denken, als Gegensatz zu jenem Denken, das als Wiederkäuen bezeichnet werden kann. Von Schülern wird im allgemeinen die letztere Art des Denkens erwartet, und dementsprechend wird es anerzogen.

Das bisher Gesagte kann schematisch als Mehr-Faktoren-Modell (Abb. 1) wiedergegeben werden, wobei zu bemerken ist, daß diese Modelldarstellung eigentlich dreidimensional sein müßte, da alle Elemente Einfluß aufeinander ausüben. Die genannten Persönlichkeitsmerkmale sind Anlagefaktoren, die in unterschiedlicher Ausprägung bei Menschen anwesend sind. Wie bereits erwähnt, müssen Anlagen begleitet und gefördert werden, damit sie sich auch entwickeln, und

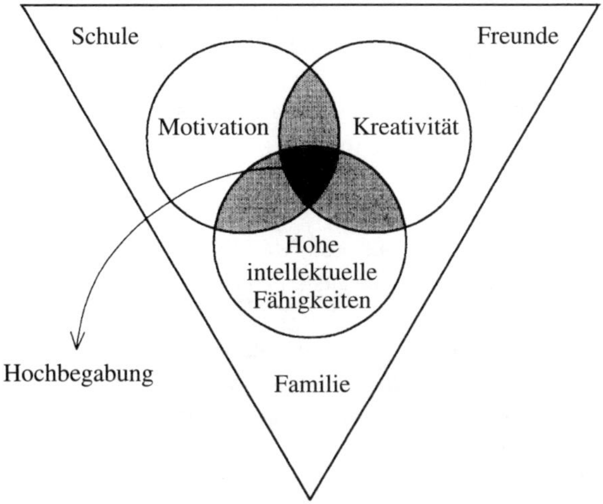

Abb. 1: Mehr-Faktoren-Modell der Hochbegabung mit den drei Persönlichkeitsmerkmalen hohe intellektuelle Fähigkeiten, Motivation und Kreativität und den drei Sozialbereichen Familie, Schule und Freundeskreis. Erst bei einem guten Zusammenspiel dieser sechs Faktoren kann sich Hochbegabung entwickeln und zum Ausdruck kommen in besonderen Leistungen oder auffallenden Handlungen. Eine wesentliche Voraussetzung ist die Fähigkeit zum sozialen Umgang: *soziale Kompetenz.*

hierfür ist die Sozialumgebung unentbehrlich. Geht die Sozialumgebung nicht ein auf die Entwicklungsbedürfnisse des Kindes, dann kann es sich nicht optimal entwickeln und bleibt eventuell auf einem Niveau stecken, das nicht zu ihm paßt. Daher sprechen wir auch erst dann von Hochbegabung, wenn alle sechs Faktoren in richtiger Weise ineinandergreifen, so daß sich eine harmonische Entwicklung vollziehen kann. Die Fähigkeit zum sozialen Umgang (soziale Kompetenz) ist hierbei ein wichtiges Verbindungsglied. Sie bildet die Grundlage eines wirksamen Austausches zwischen Person und Umgebung (s. hierzu auch Mönks 1995 b, 1996).

Dieses Erklärungsmodell verdeutlicht nicht nur unsere eigene Auffassung, sondern vereinfacht auch eine gezielte Zustandsanalyse

Ellens (und der anderen Kinder, die in diesem Buch besprochen werden). Wie oben gesagt wurde, waren die Eltern mit Ellen in unsere Universitätsberatungspraxis gekommen, um gemeinsam mit uns zu einem für Ellen "richtigen" Erziehungsplan zu kommen. Ellen erwies sich als intellektuell sehr begabt. Im Intelligenzbereich gehörte sie zu den obersten 3 %. Außerdem erwies sie sich als äußerst lernwillig, wobei sie ein hohes Lerntempo zeigte.

Wenn wir das Mehr-Faktoren-Modell als Analyserahmen verwenden, dann kann folgendes gesagt werden: In allen Bereichen hatte es eine positive Interaktion bis zum Eintritt in den Kindergarten gegeben; von dem Zeitpunkt an wurde Ellens Entwicklung beeinträchtigt. Einige Gespräche mit den Kindergärtnerinnen trugen dazu bei, daß man Einsicht bekam in die großen Fähigkeitsunterschiede, die bereits bei Kleinkindern bestehen. Bisher hatte man in diesem Kindergarten die gleiche Behandlung aller als das Beste betrachtet. Das Kalenderdogma war oberstes Erziehungsprinzip. Aber nichts ist ungerechter, als Ungleiche wie Gleiche zu behandeln und zu erziehen! Den Kindergärtnerinnen wurde es nun endlich auch deutlich, daß es Ellen selber war, die so gerne lernen wollte, und daß die Eltern dem Kinde in dieser Hinsicht nichts in den Weg gelegt hatten, sondern es eher hierin unterstützten. Gemeinsam wurde nach Möglichkeiten gesucht, den Kindern mehr Raum für Selbständigkeitsentwicklung zu geben und nicht wie bisher alle gleich zu behandeln. Schließlich führten diese Gespräche nicht nur zu einer Verbesserung für Ellen, sondern alle Kinder profitierten hiervon. Individuelle Behandlung kommt allen Kindern zugute, auch Kleinkinder sind Persönlichkeiten mit eigenem Wesen und eigenen Vorstellungen.

Oft wird angenommen, daß sich unser Erklärungsmodell nur auf verwirklichte Hochbegabung bezieht und nicht auf "verborgene", potentielle Hochbegabung. Das ist ganz gewiß nicht der Fall. Daher wollen wir noch für einen Moment auf dieses Mehr-Faktoren-Modell eingehen, das wir in der Fachwissenschaft auch "Modell der triadischen Interdependenz" nennen.

Triade bedeutet eine Gruppe von drei Elementen oder Aspekten, die zusammengehören. Interdependenz bedeutet wechselseitige Abhängigkeit, Verflochtensein durch Abhängigkeit. In diesem Modell wird demnach zum Ausdruck gebracht, daß eine positive wechselseitige Beziehung zwischen den beiden Triaden und ein ausgewogenes Verflochtensein bestimmend sind für eine möglichst ungestörte Entwicklung von Hochbegabung.

Da einerseits eine wechselseitige Beziehung der drei Persönlichkeitsmerkmale wie auch der drei wichtigsten Sozialbezüge betont wird und andererseits auch die gegenseitige Abhängigkeit dieser beiden Dreiergruppen akzentuiert wird, ist es einfacher, die Behinderungsgründe und -faktoren aufzudecken, wie am Beispiel von Ellen gezeigt werden konnte.

Es ist unerläßlich bei der Beratung von Eltern und Lehrern, das Kind ganz zu erfassen: die geistigen und sozialen Fähigkeiten genauso wie das Gefühlserleben, die Motivation und das Erleben der Sozialbezüge. Erst bei einem Gesamtbild der Schülerpersönlichkeit kann ein Förderkonzept entwickelt werden, das "maßgeschneidert" ist für das jeweilige Kind.

Unsere Arbeitsweise sieht daher so aus: zunächst eine möglichst vollständige Inventarisierung, Auswertung der Befunde; feststellen, ob zwischen erreichtem und potentiellem Niveau eine Diskrepanz besteht; herausfinden, wo eventuell Störfaktoren im Sozialkontakt sind; erst dann ein auf die betreffende Person zugeschnittenes Förderprogramm erstellen. Großes Gewicht bekommt hierbei die Realisierbarkeit der Maßnahmen. Ein perfektes Förderkonzept nützt nichts, wenn es nicht in die Praxis umgesetzt werden kann.

3. Verschiedene Begabungsformen

Den Wortlaut der offiziellen Definition von Hochbegabung, wie er in den Vereinigten Staaten gehandhabt wird, haben wir weiter oben wiedergegeben (S. 16 f.). Wir wissen, daß man von mehreren Begabungsformen ausgeht. Besondere Begabung kann sich auf vier verschiedenen Gebieten zeigen:

1. auf dem Gebiet der geistigen Fähigkeiten, der intellektuellen Leistungen;
2. auf dem Gebiet der Kreativität und Produktivität;
3. auf dem Gebiet der Kunst, in den darstellenden und musischen Künsten;
4. auf dem sozialen Gebiet, wobei Führungsqualitäten gemeint sind.

Wir können zwar einen Unterschied zwischen diesen Gebieten machen, aber oft treten sie bei einer Person gemeinsam auf, oder ein bestimmtes Gebiet ist auffallend ausgeprägt. Es gibt Einzel- und Mischformen von Hochbegabung. In diesem Buch reden wir vor allem von Kindern, die außergewöhnliche intellektuelle Anlagen und/oder Leistungen aufweisen.

Kreativität wird oft als ein wichtiger Hinweis auf mögliche Hochbegabung betrachtet. Es handelt sich um einen schwierigen Begriff, der sich nicht einfach umschreiben läßt. Es gibt keine allgemein gültige und akzeptierte Definition von Kreativität, außerdem ist undeutlich, was in der frühen Kindheit Hinweise auf eine später mögliche Kreativität sind.

Jemand kann sehr kreativ und originell sein im Bedenken und Lösen von rechnerischen Problemen, aber beispielsweise nicht im Schreiben. Außerdem kann jemand während bestimmter Lebensperioden auf einem oder verschiedenen Gebieten außerordentlich kreativ sein, aber nicht fortwährend und ununterbrochen.

In unserer Definition nimmt die Kreativität eine wichtige Stellung ein. Genau wie Hochbegabung muß Kreativität immer in bezug auf ein bestimmtes Leistungsgebiet gesehen werden. Niemand ist pur kreativ oder pur hochbegabt. Immer äußert sich dies auf einem bestimmten Gebiet. Aus einer Vielzahl von Untersuchungen geht hervor, daß die meisten kreativen Personen auch hochbegabt sind. Andersherum gilt nicht das gleiche: Nicht alle hochbegabten Personen sind auch kreativ.

Künstlerische Hochbegabung kommt vor allem in den darstellenden Künsten und in der Musik zum Ausdruck. Die Entwicklung von Anlagen auf diesen Gebieten ist sehr stark abhängig von einer stimulierenden und fördernden Umgebung. Eine optimale Entwicklung künstlerischer Anlagen bringt es oft mit sich, daß endlos viel geübt und trainiert werden muß, wodurch es diesen Kindern oft am nötigen Sozialumgang fehlt. Freundschaften können dadurch oft nicht geschlossen werden. Ein hochbegabtes Kind ist nicht gleichzusetzen mit einem "Wunderkind", wie Mozart es beispielsweise war. Derartige Spitzentalente sind sehr dünn gesät und kommen vielleicht ein- oder zweimal in hundert Jahren vor. Musikalität kann früh im Kinde geweckt werden (s. das Leipziger Beispiel S. 13), aber nur durch eisernen Fleiß und unentwegte Ausdauer kann sie zu Spitzenleistungen führen.

Führungsqualitäten kann man oft schon früh bei Kindern beobachten. Bereits im Verhalten des Kleinkindes, das beliebt und umgänglich ist, erkennt man Aspekte, die notwendige Voraussetzungen für leitende Personen sind. Von einem guten Leiter wird erwartet, daß er Umgangsqualitäten hat wie z. B. Entschlußfähigkeit, den "richtigen Blick", Gewandtheit im Umgang mit anderen und respektvolle Haltung gegenüber anderen. Popularität ist auch ein wichtiger Faktor. Auch von Führungseigenschaften muß gesagt werden, daß diese sich nicht von selber entwickeln, sondern auch hier gilt wieder, daß kluge und richtige pädagogische Begleitung und Förderung von frühester Kindheit an unentbehrlich sind.

4. Hochbegabung und Talent

Oft werden die Ausdrücke “Hochbegabung” und “Talent” synonym, als sinnverwandte Wörter gebraucht. Es gibt auch viele, die “Hochbegabung” ausschließlich verwenden für Personen mit außergewöhnlichen Fähigkeiten auf intellektuellem Gebiet, während sie den Ausdruck “Talent” nur dann verwenden, wenn es um Personen geht, die ausgesprochene Fähigkeiten auf den Gebieten von Kunst, Sport, Musik oder in der darstellenden Kunst haben. Ein derart verschiedenartiger Gebrauch der beiden Wörter wird von vielen kritisiert, da die wirkliche Bedeutung doch verschleiert bleibt.

Es gibt auch Pädagogen und Wissenschaftler, die einen Unterschied machen zwischen hochbegabt und talentiert, indem sie behaupten, daß Hochbegabung auf außergewöhnliche Begabung auf mehreren Gebieten verweise (wie Sprachen, Mathematik und Naturkunde). Den Begriff Talent finden sie dann zutreffend, wenn jemand nur auf einem der Gebiete hervorragend ist (z. B. auf dem Gebiet der Mathematik).

Schließlich gibt es noch eine kleinere Gruppe von Pädagogen und Wissenschaftlern, die einen Unterschied zwischen hochbegabt und talentiert machen, indem sie auf Resultate bei Intelligenz- und Leistungstests verweisen. So sind nach dieser Auffassung jene hochbegabt, die zu den obersten 10 % gehören. Wer dagegen niedrigere IQ-Werte erreicht, ist talentiert.

Wir sehen, daß es keine Übereinstimmung über den exakten Gebrauch der beiden Begriffe gibt. Daher wird in der internationalen Literatur ein synonymer, ein sinnverwandter Gebrauch der beiden Wörter bevorzugt. Auch wir verwenden in diesem Buch die Begriffe “talentiert”, “Talent”, “hochbegabt”, “Hochbegabung”, “begabt” und “Begabung” synonym, d. h., wir betrachten sie als Begriffe, die dieselbe oder eine sehr verwandte Bedeutung haben.

Kenntnisse über bestmögliche Entwicklungschancen für Kinder, über Merkmale der Hochbegabung und vor allem die Einsicht, daß die Entwicklung von Kindern und Jugendlichen eng verflochten ist mit ihrer sozialen Umgebung, führen uns zu folgenden Fragen: “Wie erkennen wir hochbegabte Kinder?”, “Was sind spezifische und positive Merkmale der Interaktion zwischen dem Kind und seiner sozialen Umgebung?” und weiter: “Wie müssen hochbegabte Kinder daheim und in der Schule erzogen werden?” Diesen Fragen werden wir in den nächsten Abschnitten nachgehen.

5. Finden und Fördern: ein unzertrennliches Zwillingspaar in der Hochbegabtenpädagogik

Vor einiger Zeit wurde auf einer Konferenz über Hochbegabtenförderung auch über hochbegabte Säuglinge gesprochen. Viele der Anwesenden bezweifelten, ob man schon bei Säuglingen über Hochbegabung reden kann. Schließlich ist ein Baby nicht in der Lage zu reden, und die Äußerungsformen von Behagen und Unbehagen sind bei den meisten Säuglingen ungefähr gleich. Wohl unterscheiden sich bereits Säuglinge auffallend stark voneinander durch das Ausmaß der Aktivität und der Aufmerksamkeitszuwendung.

Viele Eltern von hochbegabten Kindern können sich zurückschauend deutlich daran erinnern, daß ihr Kind schon kurz nach der Geburt auffiel durch die große Aufmerksamkeitszuwendung zu Menschen und Dingen in seiner direkten Umgebung. Manche Eltern berichten, daß sie den Eindruck gehabt hätten, ihr Säugling "beobachte" die Umgebung schon konzentriert.

Auch in der Sprachentwicklung zeigen diese Kinder oft einen frühen Vorsprung, indem sie nicht selten bereits beim ersten Geburtstag einige Wörter sprechen und schon bald ganze Sätze bilden. Andere zeigen dagegen in der Sprachentwicklung eine "Verzögerung" und sprechen erst im Alter von eineinhalb oder zwei Jahren, dann jedoch reden sie vollständige und grammatikalisch gute Sätze. Für die "Spätentwicklung" gibt es eine plausible Erklärung: Hochbegabte Kinder sind oft sehr genau, perfektionistisch; erst, wenn sie innerlich etwas vollständig beherrschen, zeigen sie es. Beim Sprechen würde das bedeuten, daß die Sprachbeherrschung innerlich erst stimmen muß, bevor man sich lautlich äußert.

Kehren wir zurück zur obengenannten Konferenz: Es gibt keine allgemein gültigen und untrüglichen Kennzeichen, die bereits beim Säugling als Hinweis auf Hochbegabung betrachtet werden können. Eines der Probleme hierbei ist nämlich, daß beispielsweise das "aufmerksame Hinschauen" nicht bei allen Kindern vorkommt, die sich später als hochbegabt erweisen. Es wird noch sehr viel Forschung in der natürlichen, häuslichen Umgebung des Kindes nötig sein, um herauszufinden, was genau Anzeichen von Begabung bereits beim Säugling sind. Diese Ergebnisse sind äußerst wichtig für die Beratung von Eltern, wie sie erzieherisch mit diesen Kindern im frühen Alter umgehen sollen.

Wenden wir uns dem etwas älteren Kind, dem (Vor-)Kindergartenkind, zu, so passiert es nicht selten, daß diese Kinder spontan Interesse am Lesenlernen und auch am Schreiben bekommen. Wenn dieser Drang nicht unterdrückt wird, lernen diese Kinder tatsächlich Lesen und Schreiben. Oft auch entwickeln diese Kinder eigene Methoden im Umgang mit Zahlen und Mengen, indem sie beispielsweise der Mutter beim Nähen zusehen und voller Faszination das Zentimetermaß betrachten, mit dem man rechnen kann. Wenn man beispielsweise die 3 auf die 6 legt, lernt das Kind aus eigenem Antrieb, auf eigene Art zu multiplizieren.

Auch hier wieder lehrt die Erfahrung, daß nicht alle hochbegabten Schüler frühe Leser waren oder eigene Rechenmethoden entwickelten. Wohl kann man aus diesem lernhungrigen Verhalten schließen, daß diese Kinder schon früh ihre spontane Aufmerksamkeit auf "Lerndinge" richten. Diese spontanen Lernfortschritte im Vorschulalter werden oft negativ beurteilt von Lehrern, da sie natürlich in der ersten und zweiten Klasse mit Kindern konfrontiert werden, die eigentlich schon alles können, was sie in der Schule erlernen sollen. Hier liegt ein Problem, das offen zwischen Eltern und Lehrern besprochen werden muß, und man muß eine Lösung finden, die dem Kinde gerecht wird. Es darf nicht so sein, daß das Kind "bestraft" wird, wenn es seinen spontanen Entwicklungsbedürfnissen folgt. Auch hier gilt wieder: Der blinde Glaube an die unzulängliche Kalenderdogmatik muß ausgemerzt werden. (Übrigens wies bereits im Jahre 1936 der einflußreiche niederländische Schulpsychologe Luning Prak auf diesen Mißstand hin.)

Versuchen wir, weitere Verhaltensauffälligkeiten beim hochbegabten Kinde zu erfassen. Die Sprachentwicklung scheint ein ins Auge springendes frühes Merkmal der Hochbegabung zu sein, denn in der Sprache kommt das Denken zum Ausdruck, vor allem auch das ursprüngliche Denken des jungen Kindes.

Wenn ein Mädchen von kaum eineinhalb Jahren sagt: “Diese Frau trägt Handschuhe, *dann* hat sie keine kalten Hände”, dann bringt das Kind zum Ausdruck, daß es ursächliche Zusammenhänge wahrnehmen kann. Handschuhe trägt man, um zu vermeiden, kalte Hände zu bekommen. Die Bedeutsamkeit der obigen kindlichen Aussage wird prägnanter, wenn man die Situation kennt. Das Mädchen liebt es, aus dem ebenerdigen Geschoß zum Fenster hinauszuschauen. Täglich drückt es sein Näschen an der Fensterscheibe platt, um zu sehen, was draußen vor sich geht. Täglich kommt eine alte Dame mit ihrem Hund am Fenster vorbei, und die Dame grüßt das Kind. Als diese Dame dann an einem kalten Herbsttag zum erstenmal Handschuhe trägt, schaut das Mädchen mit großer Faszination auf die Hände der Dame, weil sie noch nie vorher Handschuhe bei der Frau (und vielleicht auch bei keinem anderen) gesehen hatte, und kommt zu der obigen frappierenden Äußerung.

Produktiver Umgang mit der Sprache (im Gegensatz zum reproduktiven Umgang) ist offensichtlich ein zentrales Merkmal bei jungen hochbegabten Kindern. Hierauf wird immer wieder in einschlägigen Büchern und Artikeln hingewiesen.

Wenn wir nun im folgenden versuchen, einige wichtige Merkmale hochbegabter Kinder zu besprechen, dann ist zu bedenken, daß diese Liste ganz gewiß nicht vollständig ist und auch nicht auf alle begabten Kinder zutrifft. Einige prägnante Merkmale bei Hochbegabten sind diese:

In psychologischer Hinsicht haben sie einen Entwicklungsvorsprung, wodurch sie oft *frühe intellektuelle Interessen* haben, die keineswegs “altersgemäß” sind. Es besteht demnach eine weite Kluft zwischen intellektuellem Verhalten von Gleichaltrigen und dem Niveau des (gleichaltrigen) begabten Kindes. Dadurch, daß bei den meisten Kindern die körperliche Entwicklung übereinstimmt mit den Altersnormen, ist die Diskrepanz zwischen Geist und Körper desto auffallender. Viele Pädagogen fühlen sich ratlos und wissen nicht, was sie machen sollen. Zu einer solchen Ratlosigkeit besteht kein Anlaß, da in keinem Lehrbuch der Entwicklungspsychologie steht, daß sich Körper und Geist mit derselben Geschwindigkeit, zu denselben Zeitpunkten während des Lebenslaufes entwickeln müssen. In der Entwicklungspsychologie ist das kalendarische Alter nur eine globale Norm, und zwar im Hinblick auf die Gesamtentwicklung wie auch die Entwicklung der verschiedenen Teilgebiete. Dies alles bedeutet, daß das kalendarische Alter ein unbrauchbarer Bezugsrahmen für die Beurteilung von hochbegabten Kindern und Jugendlichen ist.

Hochbegabte Kinder fallen oft schon in jungen Jahren dadurch auf, daß sie *sehr neugierig* und *lernbegierig* sind. Das bekannte "Warum-Alter", das gewöhnlich etwa im Alter von drei Jahren anfängt und zwischen drei und vier Jahren einen Höhepunkt hat, beginnt bei begabten Kindern erheblich früher und scheint nie aufzuhören. Mit unvollständigen und simplen Antworten geben sie sich nicht zufrieden, sie fragen weiter, bis sie es genau wissen – das kann sich oft über Tage und Wochen erstrecken.

Die Natur scheint sie auch reichlich mit *Energie* versehen zu haben. Das bringt mit sich, daß sie nie müde zu werden scheinen und damit Eltern und Lehrer oft zur Verzweiflung treiben. Immer wieder wird auf das geringe Schlafbedürfnis von begabten Kindern hingewiesen, da sie offensichtlich ihre geistige Tätigkeit nicht "abschalten" können, wenn sie im Bett liegen. Andere haben beobachtet, daß diese Kinder gute Schläfer sind, und führen das auf den hohen Energieverbrauch tagsüber zurück.

Obgleich sie sich *konzentriert* und *aufgabenbewußt* auf eine Arbeit richten können, können sie sich auch *gleichzeitig mit mehreren Sachen beschäftigen.* Offensichtlich ist ihre Aufnahme und Verarbeitung von Information sehr wirkungsvoll. Diese Streuung der Aufmerksamkeitszuwendung wird oft als Oberflächlichkeit beurteilt, und zwar von Eltern und Lehrern.

Außer einem *ausgezeichneten Gedächtnis* und einer *breiten Streuung von Interessen* haben sie oft auch ein *besonderes Gefühl für Humor.* So wird der aufmerksame Zuhörer bei Zwei- bis Dreijährigen spaßige Bemerkungen wahrnehmen können, die diese Kinder mit Laut- und Wortkombinationen machen (z. B. "Das ist kein Badeanzug, sondern ein Braatenanzug!", zweieinhalbjähriges Mädchen).

Der Hang zum *Perfektionismus* und die starke Neigung, etwas *unbedingt selber, auf eigene Art zu tun,* hat schon viele Eltern und Lehrer der Verzweiflung nahegebracht. Etwas bis auf den I-Punkt klären zu wollen ist in den Augen der Hochbegabten ganz normal. Dieser perfektionistischen Grundhaltung muß wahrscheinlich auch zugeschrieben werden, daß so manche hochbegabten Kinder augenscheinlich spät anfangen zu sprechen, dann aber gleich fehlerlos schwierige Sätze konstruieren mit Mehrzahlbildung und richtigem Gebrauch von Tätigkeitswörtern (s. oben S. 31) – und dies oft schon im Alter von zwei Jahren.

Das folgende Beispiel ist in dieser Hinsicht sehr typisch. Ein zweijähriger Junge sagt eines Tages zu seiner Mutter, nachdem er vorher kaum ein Wort gesagt hatte: "Schau Mama, dort ist ein Eichhörnchen." Die Mutter wurde von dieser "Sprachexplosion" so getroffen, daß sie mit ihrem Söhnchen im Eiltempo zur Arbeitsstelle ihres Gatten fuhr und sagte: "Nun höre mal zu, was unser Sohn gerade zu mir gesagt hat!" Worauf der Junge ganz gelassen meinte: "Ich sagte gerade zu Mama, schau, dort ist ein Eichhörnchen!"

Es besteht wahrscheinlich ein Zusammenhang zwischen dieser Gründlichkeit und diesem Perfektionismus, daß hochbegabte Kinder schon sehr früh – nicht selten bereits im Alter von drei oder vier Jahren – *über den Sinn des Lebens nachdenken* und hierüber eindringliche Fragen stellen. Sie wollen nicht nur alles über die Abstammung des Menschen wissen, sondern auch, was nach dem Tode kommt. Das Interesse an Dinosauriern und Sternkunde hat hierin sicherlich seinen Ursprung. Diese beiden Gebiete sind eine Verdichtung der Fragen "Woher kommen wir?" und "Wohin gehen wir?". Dieses tiefgehende Nachdenken über die menschliche Existenz kann schon bei jungen Kindern zu dem Gedanken führen, daß das Leben eigentlich sinnlos ist. Im Jugendalter kann das konsequente Weiterdenken über den Sinn des eigenen Lebens zu Selbsttötungsgedanken und -taten führen.

Bereits im Vorschulalter lernen diese Kinder oft *aus eigenem Antrieb Lesen und Schreiben.* Das gilt nicht für alle hochbegabten Kinder. Es kann noch keine Antwort gegeben werden auf die Frage, warum die einen spontan im Vorschulalter das Lesen lernen und die anderen nicht. Dieses frühe Lesen und Schreiben hat oft zur Folge, daß diese Kinder schlecht schreiben, weil die Feinmotorik in diesem Alter noch nicht genügend entwickelt ist. Für Grundschullehrer, die diesen Kindern wegen ihres Vorsprunges nicht immer wohlgesinnt gegenüberstehen, ist ausgerechnet schlechtes Schreiben oft ein unduldbarer Stolperstein. Schönschreiben wird von vielen Grundschullehrern als das wichtigste Anzeichen schulischen Lernens und schulischer Anpassung gesehen. Es ist allerdings erwiesen, daß das im frühen Kindesalter erworbene schlechte Schreiben durch gezielte Übungen später schnell verbessert werden kann.

Diese Kinder fallen auch auf durch eine *frühe Entwicklung des Mengen- und Zahlenbegriffs* und die *Entwicklung eigener Rechenmethoden.* Oft zeigt sich dann, daß der selbständige Umgang mit Zahlen nicht übereinstimmt mit den Methoden, die in der Grundschule angewandt werden. Und meistens gilt nur das, was die Schule verkündet. Auch hier besteht wieder ein Konfliktherd zwischen Lehrer und Kind, wobei letzteres im ungleichen Machtstreit der unbedingte Verlierer ist. Wird allzu drastisch und dirigistisch vom Schüler verlangt, nur das zu tun, was die Schule vorschreibt, dann kann das bereits zu Anfang der Schullaufbahn zu großer Enttäuschung oder gar zu negativer Schulmotivation führen.

Der *passive Wortschatz,* d. h. mehr zu verstehen als mit Worten zum Ausdruck bringen zu können, beläuft sich bei diesen Kindern mit etwa einem Jahr auf über 100 Wörter. Dieser passive Wortschatzumfang ist gewöhnlich bei Kindern zwischen eineinhalb und zwei Jahren feststellbar.

Erkennen von Zusammenhängen (z. B. der Zusammenhang zwischen Lichtschalter und Lampe), auch das Verständnis *ursächlicher* Zusammenhänge (z. B. die Dame mit den Handschuhen, s. oben S. 33), ist bei hochbegabten Kindern oft schon im neunten Lebensmonat zu beobachten, während es normalerweise erst bei dreijährigen Kindern wahrnehmbar ist.

Auch die in der Fachsprache genannte *"Objektpermanenz"*, d. h. die Einsicht, daß ein Objekt (z. B. Mutter oder Spielzeug) weiter besteht, auch wenn es nicht mehr zu sehen ist (Kleinstkinder heulen oft, wenn die Mutter das Zimmer verläßt, weil sie annehmen, daß die Mutter nicht mehr besteht), kann man bei hochbegabten Kindern bereits in der zweiten Hälfte des ersten Lebensjahres feststellen, während sie sich normalerweise erst um den 18. Lebensmonat entwickelt.

Ein weiteres frühes Anzeichen scheint auch ein Entwicklungsvorsprung auf dem Gebiet der *Psychomotorik* zu sein. Für gewöhnlich können Kinder mit etwa zwei Jahren die Blattseite eines Buches mit Daumen und Zeigefinger umschlagen. Nicht selten kann man dieses feinmotorische Verhalten – das wieder eine ganz andere Feinmotorik als das Schreiben voraussetzt! – bei hochbegabten Kindern schon mit neun Monaten beobachten. Außerdem können sie Erwachsene auffordern, etwas zu erzählen, indem sie in Bilderbüchern Bilder aufsuchen und darauf zeigen, weil sie darüber gerne eine Geschichte hören möchten. Diese *sprachfreie Kommunikationsfähigkeit* wird in der Fachliteratur sehr oft erwähnt.

Nicht so oft wird erwähnt, daß hochbegabte Kinder bereits vor dem ersten Lebensjahr *laufen* können, oft schon mit sieben oder acht Monaten. Der normale Entwicklungsverlauf des Laufenlernens vollzieht sich zwischen dem 12. und dem 18. Lebensmonat (s. für weitere Entwicklungsdaten Mönks/Knoers 1996).

Diese Aufzählung von Verhaltensmerkmalen bei hochbegabten Kindern ist nicht vollständig. Trotzdem können sie eine brauchbare Hilfe sein beim frühen Erkennen von Hochbegabung. Wenn man sie richtig erkennt, kann man auch besser auf die Entwicklungsbedürfnisse des Kindes eingehen. Für eine gute Entwicklung des Selbstbildes, eine zentrale Schaltstelle unseres Verhaltens und psychischen Wohlbefindens, ist erforderlich, daß von Anfang an auf die besonderen Entwicklungsbedürfnisse von Kindern eingegangen wird. Werden Lern- und Wißbegierde nicht erkannt, verneint oder abgebremst, kann es schon früh zu Entwicklungsstörungen kommen. Für Erzieher und Kind ist es viel befriedigender, wenn alles getan wird, um Entwicklungsstörungen zu vermeiden.

6. Kind und soziale Umgebung: sich gegenseitig akzeptieren und anpassen

Wir beschrieben die Probleme, die sich für Ellen und ihre Eltern ergaben, als das Mädchen mit viereinhalb Jahren in den Kindergarten kam (S. 19ff.). Einige Gespräche mit den Kindergärtnerinnen vermittelten diesen eine bessere Einsicht und ein besseres Verständnis dafür, wie man am besten mit begabten Kindern umgeht. Sie begriffen, daß die Entwicklungsgesetzmäßigkeiten, wie sie in Lehrbüchern stehen, nicht auf alle Kinder und gewiß nicht auf hochbegabte Kinder zutreffen. Der Kern der Problematik im Fall Ellen war im Grunde der, daß die beiderseitige Akzeptierung und Anpassung zwischen Kind und Kindergarten gestört war. Das Kind fühlte sich nicht akzeptiert, und der Kindergarten forderte unbedingte Anpassung. Akzeptierung und Anpassung erzeugen Probleme, wenn sie nicht wechselseitig sind, nicht von beiden Seiten gewollt und verwirklicht werden.

Menschliche Entwicklung ist immer ein Prozeß, der von zwei Seiten bestimmt wird. So wird ein Kind natürlich von seinen Eltern beeinflußt, jedoch gilt umgekehrt das gleiche: Auch das Kind beeinflußt das Verhalten und Handeln seiner Eltern. Dies bedeutet, daß menschliche Entwicklung gegenseitige Anpassung voraussetzt. Entwicklung ist – in einer etwas anderen Formulierung – ein Prozeß des Gebens und Nehmens, ein Prozeß des Austauschens. Dieser wechselseitige Bezug gilt im Grunde für alle Sozialkontakte, überall, wo Menschen miteinander umgehen, ist Geben und Nehmen im Spiel. Was das Verhalten in der Schule betrifft, so gehen noch viele davon aus, daß sich der Schüler dem schulischen Geschehen anpassen muß, da er ein Lernender, ein "Zögling" ist. Wir werden noch auf diese falsch verstandene Rolle der Schule eingehen.

Es ist ein zentrales Merkmal eines jeden Menschen, daß er hineinwächst in die Lebensgewohnheiten der jeweiligen Gesellschaft und Kultur. Es gibt hier nicht nur Unterschiede zwischen verschiedenen Gesellschaften, sondern auch innerhalb einer Gesellschaft gibt es große Unterschiede in der Lebensauffassung, in der Auffassung darüber, was wichtig ist im Leben. Dabei gehört es zur Aufgabe des Menschseins, seinen eigenen Weg zu finden, eine Balance zu finden zwischen den eigenen Fähigkeiten und Wünschen und den gesellschaftlichen Möglichkeiten und Anforderungen. Dieser Anpassungsprozeß – und das ist es im Grunde – kann zu einer schweren Aufgabe und Bürde werden, wenn der Abstand zwischen dem Individuum und seiner Umgebung in mancher Hinsicht zu groß ist.

Die folgenden drei Praxisbeispiele verdeutlichen, wie die Konfrontationen zwischen Kind und sozialer Umgebung, zwischen Individuum und Gesellschaft aussehen können. Immer wird um Akzeptanz und Anpassung gerungen.

Andreas

Die Familie wohnte in einem kleinen Ort in der Nähe einer Großstadt. Die Eltern von Andreas waren hierher gezogen, als der Vater vor Jahren im städtischen Krankenhaus eine Anstellung als Internist bekam. Eigentlich waren sie von Anfang an "Fremde" in dieser ländlichen Umgebung. Die Devise des Vaters war: Die Lebenswirklichkeit ist voller Unterschiede, daher soll man sich dort anpassen, wo man lebt. Andreas und seine Schwester Gabi gingen daher in die kleine Dorfschule.

Eigentlich fühlten sie sich von Anfang an nicht wohl in dieser Schule. Fortwährend waren sie Zielscheibe von Sticheleien und tätlichen Angriffen. Andreas stellte in der Klasse viele Fragen, und er fiel durch sein großes Wissen auf. Sein Wortschatz war bedeutend größer als der der Klassengenossen, und er hatte nicht den typischen Dorfakzent in seiner Aussprache. Die anderen Schüler fanden das blöde und meinten, daß er sich anstelle. Für die ist das Grund genug, Andreas immer wieder zum Zentrum ihrer Angriffe zu machen: Sie rufen im Chor, daß er doof sei, lassen die Luft aus seinen Fahrradschläuchen, werfen wiederholt sein Fahrrad und ihn selber in die Sträucher, oder sie fesseln ihn an einen Baum. Andreas setzt sich zwar kräftig zur Wehr, aber gegen eine derartige Übermacht kann er nichts ausrichten. Seine Eltern sagen ihm, dies sei nun mal “die harte Schule des Lebens”, da müsse er sich durchbeißen.

Auch seine jüngere Schwester Gabi bleibt nicht verschont. Regelmäßig drängt sie eine Gruppe von Schülern in die Enge und verlangt von ihr, daß sie sage, ihr Bruder sei doof. Wenn sie dann voller Verzweiflung ruft “Mein Bruder doof?!”, jubeln sie lauthals: “Da hören wir es ja, sie sagt selber, daß er doof ist!”

Auf einem Elternabend reden die Eltern mit den Lehrern über die Sticheleien und Hänseleien gegenüber ihren Kindern. Es zeigt sich, daß die Lehrer uninteressiert sind und es übertrieben finden, “speziell auf das Wohl von Andreas und Gabi achten zu müssen”. Die Einwohner des Dorfes betrachten die Nichteinheimischen als Eindringlinge, die sie abweisen; auch die Lehrer bilden hier keine Ausnahme. Außerdem steht diese Schule intellektuellen Leistungen eher abweisend gegenüber. So werden Schreibfehler wie “Külschrank” oder “Ehrgeiß” nicht verbessert.

Es müßte deutlich geworden sein, daß von Andreas eine zu große Überbrückung verlangt wird. Die Anpassungsmöglichkeiten sind sowohl für Andreas wie für die Dorfumgebung sehr gering. Hinzu kommt noch, daß die Bereitschaft zur Anpassung nicht einmal ansatzweise bei der “Dorfbevölkerung” vorhanden ist. Der Wunsch der Eltern, in dieser Dorfumgebung einen normalen Platz als normale Mitbürger einzunehmen, ist einfach nicht zu verwirklichen. Selbst wenn die Schule bereit gewesen wäre, dem Lernbedürfnis von Andreas entgegenzukommen, so wäre dennoch in sozialer Hinsicht eine wahrscheinlich unüberbrückbare Kluft bestehen geblieben.

Anna

Als zweijähriges Kind fiel Anna im Vorkindergarten durch ihren reichen Wortschatz auf. Im Kindergarten wollte sie unbedingt lesen lernen. Auf Anraten des Kindergartens hat die Mutter dieses spontane Streben des Kindes unterdrückt. Die Kindergärtnerin meinte nämlich, daß Anna nichts mehr zu tun habe, wenn sie in die Grundschule käme. Das war der Anfang der Unterdrückung ihrer spontanen und natürlichen Lern- und Wißbegierde in der Schule. Da sie immer schon ein fügsames Kind war, entstanden anfangs keine Probleme. Sie fügte sich dem Willen der Kindergärtnerin und dem wohlgemeinten Druck ihrer Mutter.

Im Laufe der Schuljahre jedoch nahm durch die ständige Unterdrückung ihrer Lernbegierde ihre Motivation so ab, daß sie die Lust an der Schule verlor und es nicht mehr wichtig fand, sich einzusetzen. Bei ihren Hausarbeiten braucht sie keine Hilfe und braucht sich auch nicht anzustrengen, weil alles spielend leicht geht. Die Grundschule versäumte es, ihr Lernstoffangebote zu machen, die sie herausforderten und die ihr Interesse weckten. Es gab nur lauter Langeweile, nichts als Langeweile!

Inzwischen hatte sie eine Manier entdeckt, um den Lernstoff für sich selber spannend zu machen: Wenn sie wußte, welche Themen im Unterricht behandelt werden sollten, beschäftigte sie sich zu Hause damit schon intensiv. Später, wenn der Lehrer dann das Thema in der Klasse behandelte, paßte sie konzentriert auf, ob er auch keine Fehler mache. Regelmäßig verbesserte sie dann auch prompt den Lehrer. Das war ihre Manier, auch mal in der Klasse zu Wort zu kommen, da der Lehrer ihr sonst nie eine Gelegenheit dazu gab. Natürlich finden Lehrer ein solches Verhalten irritierend und halten es für eine aufdringliche Form der Besserwisserei. Tatsache ist jedoch, daß Anna dieses Verhalten im Laufe der Jahre entwickelte, weil sie völlig frustriert wurde; ihrer Neigung und Anlage war man nicht im geringsten entgegengekommen.

Nicht nur in intellektueller Hinsicht bietet die Schule bitter wenig, sondern auch in sozialer Hinsicht: Wegen der Teilzeitanstellung einiger Lehrer und wegen regelmäßiger Krankheitsfälle hat Anna sieben verschiedene Lehrer. Aus entwicklungspsychologischer Sicht ist es wichtig, gerade in den ersten Grundschuljahren eine feste Lehrerperson zu haben, damit das Kind sich in gewisser Weise gefühlsmäßig binden kann und sich sicher fühlt. Bei ständigem Lehrerwechsel ist so etwas gar nicht möglich. Das junge Grundschulkind benötigt einen festen Halt für eine gesunde Sozial- und Gefühlsentwicklung.

Annas jüngerer Bruder Oskar, der inzwischen auch die Grundschule besucht, ist anders. Er duldet nicht, daß sein Lernbedürfnis eingeengt wird und widersetzt sich derartigem Streben mit Vehemenz. So gibt es in der Schule eine bestimmte Stunde, in der jeder frei wählen kann, was er tun will. Für diese Stunde hat Oskar jedoch Leseverbot, da die Lehrerin befürchtet, er könne einen zu großen Vorsprung bekommen. Demonstrativ legt er dann seine Füße auf den Tisch und verlangt, daß er genau wie die anderen Kinder *selbst wählen* kann, was er tun will – warum die anderen wohl und er nicht?!

Durch Oskars Verhalten kamen die Eltern dahinter, daß Anna wegen ihrer gefügigen Art all die Jahre in intellektueller Hinsicht "unterernährt" geblieben war. Erst jetzt wird ihnen deutlich, daß die Schulzeit für sie bisher alles andere als angenehm war und daß sie in schulischer Hinsicht bedeutend mehr hätte schaffen können, wenn sie dazu Gelegenheit gehabt hätte. Außerdem begreifen sie nun, daß sie überhaupt nicht gelernt hat sich anzustrengen, etwas, das auf jeden Fall auf der Oberschule verlangt wird. Motivation, der Wille, etwas zu erreichen, entsteht nicht von selbst: Motivation setzt voraus, daß man motiviert wird, aus eigenem Antrieb oder von außen dazu angeregt. Bei Anna besteht außerdem die Gefahr, daß das in der Schule erlernte Verhalten, das Lernangebot der Lehrer zu "kontrollieren", sich zu einem unsympathischen Persönlichkeitsmerkmal entwickelt.

Im Falle von Anna war die Konfrontation nicht so einschneidend. Sie war in ihrer Umgebung kein Außenseiter, und außerdem zeigte sie große Bereitschaft, sich in sozialer Hinsicht anzupassen und gleichzeitig ihre Lernbedürfnisse herabzusetzen. Diese Bereitschaft wurde von ihr verlangt, denn die Schule vermied nachdrücklich geistige Förderung. So hatte diese Schule nicht nur in ihrem Falle nicht, sondern *nie* beim Übergang von der Grundschule zu weiterführenden Schulen angeraten, die Oberschule zu wählen. Dadurch daß Oskar, Annas jüngerer Bruder, sich nicht das Recht der Selbstentwicklung wegnehmen lassen wollte, entstanden Konflikte. Diese trugen zur allmählichen Einsicht der Eltern bei, daß sie bei ihrem Streben, sich sozial angepaßt zu verhalten, übersehen hatten, daß auf dem Gebiet intellektueller Fähigkeiten andere "Gesetzmäßigkeiten" herrschen als auf dem Gebiet des sozialen Umgangs. So ist es nicht möglich (um ein extremes Beispiel zu verwenden), daß jemand mit einem ausgesprochen niedrigen Intelligenzniveau sich plötzlich in einer Gruppe von Wissenschaftlern auf ein sehr hohes Niveau "schwingt", um nicht auffallen zu wollen. Solchen Sprüngen sind von der Natur Grenzen gesetzt.

Alexander

Als Alexander gut drei Jahre alt war, wurden die Eltern vorstellig, da sie wissen wollten, wie sie ihn am besten erziehen sollten. Außerdem wollten sie wissen, ob ihre Beobachtung stimme, daß Alexander sehr intelligent sei und einen Entwicklungsvorsprung habe. Sie waren sich nicht sicher, da er Einzelkind war und sie keinen Vergleichsmaßstab hatten.

Alexander hatte bereits mit drei Jahren ausgesprochenes Interesse für technische Sachen. So kannte er nicht nur die Namen einer großen Anzahl von Werkzeugen, sondern wußte auch, wie man diese handhabte. So wußte er beispielsweise, wie man mit einem Meßschieber und einer Wasserwaage umgehen mußte. Als in seiner Straße eines Tages Reparaturarbeiten verrichtet wurden, wobei eine Baggermaschine gebraucht wurde, kletterte er unter Aufsicht seiner Mutter in den Führersitz und verließ diesen nicht eher, bis er alle Details erklärt bekommen hatte. Auch geparkte Motorräder zogen seine Aufmerksamkeit auf sich. Er wollte dann die Namen der Unterteile wissen, die er wiederholte, damit er sie besser behalten konnte. Klassische Musik interessierte ihn auch, wobei er für bestimmte Komponisten eine Vorliebe hatte.

Die Befunde der testpsychologischen Untersuchung bestätigten die Eindrücke der Eltern: Alexander erwies sich als intellektuell außergewöhnlich begabt und als sehr kreativ. Den Eltern konnten wir auf ihre Frage nach dem erwünschten erzieherischen Umgang mit Alexander antworten, daß sie es genau richtig machten. Von Anfang an gingen sie auf seine Lern- und Wißbegierde ein und erklärten die Dinge in einer für ihn verständlichen Sprache. Nicht immer einfach, z. B. auf eine Frage wie "Wie arbeitet Elektrizität?" eine gute Antwort zu geben. Hinzu kam, daß reichlich Material im Hause vorhanden war, damit Alexanders Wißbegier befriedigt werden konnte. Bei Werkzeugen und Geräten ergaben sich Probleme, da er sich nicht mit Spielzeug zufriedengab, er wollte wirkliches Werkzeug haben. Übrigens zeigte er schon mit eineinhalb Jahren ungewöhnliches technisches Interesse.

Inzwischen ist Alexander dreizehn Jahre alt. Seine technischen Interessen haben sich verringert, seitdem er sich mehr für Musik zu interessieren begann. Seit seinem vierten Lebensjahr bekommt er Geigenunterricht; zunächst einmal, dann zweimal pro Woche. Und seit einiger Zeit bekommt er auch Klavierunterricht. Außerdem spielt er Hockey, ist Mitglied des Schachclubs seines Gymnasiums und hat einige gute Freunde, mit denen er sich in der Freizeit regelmäßig trifft.

Vorteilhaft war, daß Alexander eine Grundschule besuchte, in der mehrere Kinder mit besonderen Fähigkeiten waren, auch Kinder, die ein Instrument spielen konnten. Einige Schulfreunde musizierten mit Alexander von Zeit zu Zeit, damit sie "später in der Polizeikapelle mitspielen konnten".

Aus der Tatsache, daß sich die Eltern fachlich beraten ließen, als Alexander erst drei Jahre alt war, geht hervor, daß sie seine Entwicklungsbedürfnisse ernst nahmen und ihn richtig fördern wollten. So hat dieser Junge bisher noch keine gravierenden Probleme wegen seiner Hochbegabung erlebt, weder in der Schule noch zu Hause. Natürlich ergeben sich in jeder Familie Unstimmigkeiten und erzieherische Schwierigkeiten. Aber sie brauchen nicht zu Konflikten oder tiefgehenden Zerwürfnissen zu führen, wenn die Bereitschaft und Einsicht da ist, gemeinsam nach Lösungen zu suchen.

Im Falle von Alexander war die Erziehung behutsam und vorsorglich. Tiefgreifende Konflikte konnten dadurch vermieden werden. Alexander kann der sein, der er ist! Natürlich ist es nicht so, daß Alexander ein pädagogisches Wunderkind ist, auch seine Eltern haben die alltäglichen erzieherischen Querelen. Dennoch können wir hier zusammenfassend sagen, daß bei Alexander bisher kein Mißverhältnis aufgetreten ist zwischen dem, was er kann, und den Möglichkeiten, die ihm geboten werden. Anpassen ist hier eher Ineinanderpassen oder Zusammenpassen.

7. Außerschulische Fördermöglichkeiten

Nicht selten zweifeln Eltern, ob sie der Lernbegierde ihres Kindes entgegenkommen sollen oder ob es besser ist, diese zu unterbinden. Derartige Fragen können zu Problemen anwachsen, mit denen Eltern wie Lehrer nicht fertigwerden. Wann ist Förderung angemessen, wann geht sie zu weit? Soll man schon auf die Lern- und Wißbegierde eines Vorschulkindes eingehen oder soll man diese möglichst unterbinden? Auf diese Fragen gehen wir im folgenden ein.

Eingehen auf die Lernbegierde des Kindes zu Hause

Die Entwicklungspsychologie hat erst in den letzten Jahrzehnten eine bessere Einsicht in die Erlebniswelt des Säuglings und jungen Kindes bekommen. Früher dachte man, daß der Säugling ein völlig passives Wesen sei, das noch nicht fähig sei, die dingliche und menschliche Umgebung wahrzunehmen. Tatsache ist jedoch, daß das Neugeborene bereits anfängt, seine Umgebung aktiv zu untersuchen. Hierzu muß es Gelegenheit haben, d. h., die Umgebung des Säuglings muß "interessant" sein, und Außenreize müssen nicht, wie man früher dachte, ferngehalten werden.

In den ersten Lebensjahren wird die Basis gelegt für eine gute intellektuelle, soziale und Persönlichkeitsentwicklung. Diese Entwicklung wird in hohem Maße von der direkten Umgebung mitgeprägt. Kinder, die in einer stimulierungsarmen Umgebung aufwachsen, haben oft mit vier oder fünf Jahren einen Entwicklungsrückstand im Vergleich zu Gleichaltrigen, den sie kaum oder nur mit großer Mühe einholen. Stimulierung oder Förderung wird als der Motor der Entwicklung betrachtet.

Oft wird Stimulierung verwechselt mit "Responsivität", dem Eingehen auf die Signale des Kindes; noch häufiger wird Stimulierung betrachtet als Überstimulierung. Wir verwenden hier Stimulierung und Förderung im gleichen Sinne. Zu viel oder zu wenig nennen wir

Überstimulierung oder Überforderung bzw. Unterstimulierung oder Unterforderung.

Im Fachausdruck heißt das Eingehen auf die Bedürfnisse des Kindes "Responsivität". Es bedeutet, daß man auf Signale des Säuglings und auf Fragen des Kindes eingeht und sie ernst nimmt. Wenn beispielsweise ein Kleinstkind, das noch nicht sprechen kann, auf verschiedene Gegenstände weist und dabei die Mutter fragend anschaut, wird wahrscheinlich jede Mutter darauf eingehen und die Gegenstände benennen: Ball, Stuhl, Tisch, Puppe, Hund, Buch. So lernt das Kind die Namen der Dinge.

Wenn ein dreijähriges Kind jedoch darum bittet, ihm Buchstaben des Alphabets und Zahlen zu benennen, dann sieht es schon ganz anders aus. Viele Eltern und Erzieher werden dann unsicher, weil ein solches Verhalten nicht zu einem dreijährigen Kind paßt – das ist jedenfalls die allgemeine Auffassung. Viele "Fachleute" raten Eltern davon ab, hierauf einzugehen, und sie bestehen darauf, daß ein Eingehen auf den kindlichen Wunsch zu Überstimulierung führt. Abgesehen davon, daß auch hier wieder gesagt werden muß, daß kalendarisches Alter eine ungeeignete Richtschnur ist, muß festgestellt werden, daß ein derartiger "Rat" völlig aus der Luft gegriffen ist. Ein Erwachsener, der auf den Wunsch des Kindes, die Buchstaben des Alphabetes zu lernen, eingeht, ist im Grunde nur responsiv. Von Stimulierung oder gar Überstimulierung kann gar nicht die Rede sein.

Was ist richtige Förderung?

Ein Kind wie Cecilia, die in einem Armenviertel am Rande von Lima (Peru) wohnt, lebt in einer stimulierungsarmen Umgebung: Dieses Armenviertel liegt am Rande der Stadt inmitten einer kahlen Sandfläche; in der kargen Behausung der Familie ist auch nicht viel vorhanden. In materieller Hinsicht herrscht großer Mangel, in pädagogischer Hinsicht auch. Die Eltern sind dermaßen durch den Kampf um die bloße Existenz in Anspruch genommen, daß sie froh sind, wenn sie ihren drei Kindern genügend Nahrung geben können. Zum Fragenstellen gibt es für die Kinder wenig Anlaß und wenig Gelegenheit, denn es gibt innerhalb und außerhalb ihrer Behausung kaum Dinge und Gegenstände, die ihre Neugierde wecken könnten. Außerdem sind die Eltern oft wegen der Arbeit abwesend, und wenn sie dann einmal zu Hause sind, sind sie zu müde, um auf Fragen einzugehen.

Ganz anders sieht es da bei Vinzenz aus. Als Einzelkind wächst er in einer europäischen Großstadt auf. Sein Vater ist Künstler, und seine Mutter ist Erdkundelehrerin an einem Gymnasium. Die Familie besitzt viele Sachbücher, viele Gemälde, und es gibt eine Fülle an Material zum Malen und Zeichnen. Außerdem besitzt die Familie ein Klavier und einige Streichinstrumente. Der Vater arbeitet zu Hause, die Mutter ist auch viel im Haus. Regelmäßig kommt Besuch, und dann gibt es interessante Gespräche, die Vinzenz' Aufmerksamkeit erregen. Auf Fragen bekommt Vinzenz ausführliche Antworten. Es handelt sich also um eine stimulierungsreiche Umgebung.

Es muß ein Unterschied gemacht werden zwischen einer stimulierungsreichen und einer stimulierungsarmen Umgebung, und zwar in materieller und pädagogischer Hinsicht. Im Falle von Cecilia gibt es in materieller Hinsicht nichts, und den Eltern fehlt die Zeit und wahrscheinlich auch die Fähigkeit, pädagogisch eine aktiv stimulierende Rolle zu spielen. Genau das Gegenteil trifft auf Vinzenz zu: reichliche Anregung aus der Umgebung und fördernde Eltern.

Diese beiden ziemlich extremen, jedoch nicht erfundenen Beispiele zeigen, daß aktive pädagogische Förderung das Vorhandensein von Gegenständen und Dingen voraussetzt, die die Neugierde wecken. Das kann alles Mögliche sein, wie Bücher, Musikinstrumente, Bastelmaterial und -gerät, Spielzeug und auch sogenanntes "wertloses" Material, aus dem die verschiedensten Dinge hergestellt werden können, z. B. leere Joghurtbecher, Stoffreste, Dosen.

Verschiedenartiges Material und Spielzeug reichen jedoch nicht aus. Kinder spielen zwar spontan und viel, aber sie brauchen von Zeit zu Zeit Anleitung, müssen auf neue Ideen gebracht werden, wollen etwas mit Erwachsenen gemeinsam tun, und wenn sie darum bitten, sollen sie Hilfe bekommen. Gemeinsame Unternehmungen können z. B. sein (abhängig vom Alter und Interesse des Kindes): Museumsbesuch, Besuch von Konzert, Theater oder Dichterlesung,

Zoobesuch, Wanderung oder gar der Besuch eines Fußballspiels oder einer Leichtathletikveranstaltung.

Richtige Stimulierung und Förderung bedeutet, daß man die verfügbaren Mittel einsetzt, ohne daß dem Kinde etwas aufgeschwatzt und aufgedrängt wird, woran es kein Interesse hat. Auch ist es falsch, das Kind mit Informationen, Ideen und Aktivitäten zu überladen, so daß es kaum Gelegenheit hat, selber eine Wahl zu treffen oder keine Ruhe bekommt, ganz einfach auch mal *nichts* zu tun.

Was ist Überstimulierung und Überforderung?

Von Überforderung ist dann die Rede, wenn das Kind unter Druck gesetzt wird, um immer wieder bessere Leistungen zu erbringen, wenn das Angebot fördernden Materials zu groß und dadurch unübersichtlich und eigentlich fast chaotisch ist oder wenn das Kind nicht die Gelegenheit bekommt, selber zu bestimmen, was es tun möchte. Fast immer können wir dann von Überstimulierung sprechen, wenn die Prunksucht der Eltern eine größere Rolle spielt als die Fähigkeiten und Neigungen des Kindes selber. Wenn beispielsweise Eltern ihrer Tochter im Kindergartenalter das Lesen beibringen wollen, damit sie in der Grundschule einen Vorsprung hat, während das Kind selber überhaupt nicht den Wunsch hat und kein Interesse für Buchstaben zeigt, wird das Kind überfordert. Falls jedoch ein Kind in diesem Alter nach der Bedeutung von Buchstaben fragt (es kann sich auch um ganz andere Kenntnisgebiete als das Lesen handeln), dann ist es richtig, hierauf einzugehen.

Es gibt auch Eltern, bei denen nur Leistung zählt. So ist beispielsweise die Fahrradtour an einem Sonntagnachmittag für den siebenjährigen Fritz kein entspannendes Geschehen, sondern der Beweis einer besonderen Leistung. Der Vater betont dann auch am Ende: “Eine tolle Leistung, Fritz. Heute haben wir fast 15 km zurückgelegt!” Eine passende Äußerung wäre: “Wie schön und erholsam war es doch, an diesem sonnigen Tag durch den Wald zu radeln!”

Organisierte außerschulische Begabungsförderung

Die bekannteste außerschulische Fördermaßnahme ist der *Samstagsclub.* In England gibt es derartige "Saturday-Clubs" in großer Anzahl. Diese zumeist von den Eltern organisierten Freizeitclubs sind in deutschsprachigen Ländern wenig verbreitet. Bekannt ist der "Leseclub für kleine Leseratten" in Berlin für spontane Frühleser im Vorschulalter. Auch versucht die "Deutsche Gesellschaft für das hochbegabte Kind e. V." entsprechende außerschulische Maßnahmen zu fördern.

Diese organisierte Form des Zusammenbringens Entwicklungsgleicher wirkt sich auf die Teilnehmer günstig aus. Hochbegabte Kinder und Jugendliche erfahren so nämlich, daß sie nicht immer die besten sind, sondern daß andere genausogut oder sogar noch besser sind. In diesen Gruppen kann es zu einem wirklichen Austausch von Wissen kommen, zu Anregungen und gegenseitigen Verbesserungen, und zwar im Hinblick auf das Verhalten und das Wissen.

Die organisierten Formen der Freizeitbeschäftigung können sich auf die verschiedensten Themengebiete beziehen: Schach, Sport, Archäologie, Heimatgeschichte, Naturschutz, Tierfreunde, Basteln, Radiotechnik usw. Falsch wäre es, ein begabtes Kind mit allen möglichen Beschäftigungen zu überschütten, nur damit es beschäftigt ist und sich nicht zu langweilen braucht.

Seit 1988 gibt es als außerschulisches Angebot des Vereins "Bildung und Begabung e. V." (Bonn) für intellektuell besonders befähigte Jugendliche *Schülerakademien.* An vier Schülerakademien in Deutschland werden im Jahre 1993 rund 340 Schüler und Schülerinnen teilnehmen. Es wird danach gestrebt, die Teilnehmerzahl auf insgesamt 800 zu erhöhen.

Die Teilnehmer, die in Zusammenarbeit mit den Schulen ausgewählt wurden, leben und arbeiten gut zwei Wochen an einem Ort zusammen. Während dieser Zeit werden sie durch Wissenschaftler, Lehrer und andere Experten in ein Themengebiet eingeführt und darin unterrichtet. Gleichzeitig werden sie zu eigenständigem Arbeiten angeleitet. Die Zusammenstellung der Themengebiete bezieht sich auf Naturwissenschaften, Fremdsprachen, Geistes-,

Sozial- und Wirtschaftswissenschaften, Musik und Kunst. Das Programm wird in Form von sechs Kursen angeboten, wobei jeder Schüler an einem der Kurse teilnimmt. Um Einseitigkeit des akademisch anspruchsvollen Programms zu vermeiden, gibt es zusätzliche gemeinschaftliche kulturelle, musikalische, sportliche und soziale Aktivitäten (Brandt 1997).

8. Fördermaßnahmen in der Schule

Schulen verwenden häufig als Anpassungsnorm den Durchschnitt, oft bleibt ihnen nichts anderes übrig bei dem bestehenden System. Unter Anpassungsnorm wird verstanden: Richtschnur für Umfang und Art des Lernstoffs sowie die Zeitspanne, in der das Lernstoffangebot verarbeitet werden muß, ist der Durchschnitt. Schwache Schüler können dieser Norm in der Regel nicht nachkommen. Diesen Schülern kommt das Schulsystem entgegen, indem das Kind Nachhilfe bekommt oder auf eine Sonderschule für Lernbehinderte wechselt. Schüler jedoch, die schneller lernen können und mehr Stoff verarbeiten können, als die Schulnorm vorschreibt, bekommen keine Hilfestellung. In der Grundschule gibt es einfach keinen Platz für derartige Kinder. Es ist nun mal so, daß in einer Klasse Gleichaltrige sind, die alle zum gleichen Zeitpunkt dieselbe Menge an Lernstoff angeboten bekommen. Das Kalenderdogma duldet nur Gleichbehandlung! Wer eine Erweiterung des Angebots möchte und wer in schnellerem Tempo den Lernstoff verarbeiten kann und möchte, hat letztlich keine andere Möglichkeit, als sich dem Durchschnitt anzupassen. Oft stimmen die Schüler einer Klasse nur darin überein, daß sie dasselbe Geburtsjahr haben. Das Kalenderalter ist jedoch, wie wir bereits betonten, nicht identisch mit dem Entwicklungsalter, das auch in intellektuellen, sozialen und kreativen Fähigkeiten zum Ausdruck kommt. Innerhalb einer Klasse gibt es oft erhebliche Unterschiede im Hinblick auf diese Fähigkeiten. Das macht die Arbeit für den Lehrer nicht einfach. Bisher haben Lehrer keine Ausbildung oder Zusatzausbildung, wie man mit hochbegabten Kindern in der Klasse umgeht. Aus dieser Unkenntnis erwachsen viele vermeidbare Probleme.

Wenn wir akzeptieren, daß es hochbegabte Kinder gibt, daß sie auch in der Schule anwesend sind, dann kann nicht von diesen Kindern verlangt werden, daß sie sich der Durchschnittsnorm anpassen auf Kosten ihrer Entwicklungsmöglichkeiten. Unterdrückung oder Verdrängung geistiger Fähigkeiten kann nicht nur zum Motivationsverlust, zu Faulenzerei und Aufsässigkeit führen, sondern auch zu bleibenden Persönlichkeitsschäden. Schulen sind für die Kinder da. Daher muß alles getan werden, damit alle Schüler, hoch- oder niedrigbegabt, sich entsprechend ihren Anlagen und Fähigkeiten entwickeln können. Ein nach Schwierigkeit und Tempo differenziertes Lernstoffangebot sollte die Regel sein und nicht die Ausnahme.

Bei der schulischen Stimulierung und Förderung von hochbegabten Schülern unterscheidet man generell zwei Hauptmöglichkeiten: (1) Beschleunigung und (2) Anreicherung des normalen Unterrichts. Die Fachausdrücke für die genannten Maßnahmen sind "Akzeleration" und "Enrichment". Die Verwirklichung der beiden Maßnahmen setzt eine flexible Unterrichtsgestaltung, Reichhaltigkeit an Lehrmitteln und vor allem ein motiviertes Lehrerkollegium voraus. Hierbei handelt es sich demnach nicht nur um schulorganisatorische Maßnahmen, sondern insbesondere auch um die Einsatzwilligkeit und -freude von Lehrern.

Beschleunigung (Akzeleration)

Unter Beschleunigung versteht man die frühzeitige Einschulung in die Grundschule, den frühzeitigen Übergang in weiterführende Schulen oder auf die Universität und das Überspringen einer oder mehrerer Klassen. Die Verwirklichung dieser Maßnahmen stößt oft auf großen Widerstand. Es wird nämlich angenommen, daß das begabte Kind zwar den Unterrichtsstoff eines höheren Jahrganges ohne weiteres meistern kann, daß es jedoch im Gefühlsleben und in sozialer Hinsicht noch nicht reif genug sei und daher besser in der Klasse der Gleichaltrigen bleiben solle. Das kalendarische Alter ist, wie bereits mehrfach betont, ein ungenauer Maßstab bei der Angabe von Entwicklungsniveaus. Im übrigen lehrt die Erfahrung, daß hochbegabte Kinder oft Freunde haben, die älter sind, manchmal um einige Jahre. Sie suchen Umgang mit Entwicklungsgleichen (in der Fachsprache heißt ein solcher Freund "Peer") und nicht unbedingt mit Gleichaltrigen.

Bei der Frage der Beschleunigung wird der Akzent zu oft auf die nachteiligen Folgen gelegt, die beschleunigende Maßnahmen für den

Schüler haben können. Zu wenig wird darauf geachtet, welche Nachteile durch das Verbleiben in der Jahrgangsklasse entstehen können, indem die intellektuellen Entwicklungsbedürfnisse des begabten Schülers bagatellisiert werden. In Wirklichkeit ist die traurige Konsequenz oft diese, daß sich ein solcher Schüler durch laufende Unterforderung und ständigen Frust zu einem Faulenzer oder zu einem Störenfried entwickelt, oder es kann eine allgemeine Schulmüdigkeit entstehen. In allen Fällen bedeutet das Nichteingehen auf die Entwicklungsbedürfnisse hochbegabter Schüler, daß Unrecht geschieht und daß sich hieraus negative Folgen für den betreffenden Schüler ergeben.

Wie gesagt, es handelt sich hier nicht nur um intellektuelle Fähigkeiten, sondern auch um soziale und emotionale Bedürfnisse. Auch das hochbegabte Kind braucht Austausch und Umgang mit Entwicklungsgleichen. Im Umgang mit Entwicklungsgleichen lernen Heranwachsende die lebenswichtigen Prinzipien von Geben und Nehmen, von Verstandenwerden und Wechselseitigkeit. Jeder Mensch, begabt oder nicht begabt, braucht für eine gesunde psychische Entwicklung den Umgang mit Entwicklungsgleichen.

Schulrechtliche Maßnahmen verbieten oft frühzeitige Einschulung oder das Überspringen einer Klasse. Im allgemeinen ist es im europäischen Schulsystem eher eine Ausnahme. Daher sollte das Schulrecht, wo nötig, angepaßt werden und derartige Maßnahmen grundsätzlich ermöglichen. Ob dann im Einzelfall eine solche Maßnahme ergriffen wird, hängt zumindest davon ab, ob Lehrer, Fachleute und Eltern (oft auch der Betroffene selbst, wenn es um Jugendliche geht) sich darin einig sind, daß Beschleunigung angebracht ist. Der Schüler ist nämlich meistens der Benachteiligte, wenn Eltern z. B. eine solche Maßnahme gegen den Willen der Schule durchsetzen. Dann tritt nämlich meistens das ein, was "self-fulfilling prophecy" (sich selbst erfüllende Prophezeiung) genannt wird: Die Schule wird bewußt oder unbewußt dafür sorgen, daß ihre ablehnende Haltung richtig war, die negative Vorhersage der Schule soll in Erfüllung gehen, der Schüler hat das Nachsehen.

Beschleunigung bedeutet nicht immer das Überspringen einer Klasse. So kann ein begabter Schüler z. B. ein Schulbuch schneller durcharbeiten. Es geschieht, daß ein begabter Schüler ein Schulbuch, das Stoff für ein ganzes Schuljahr bietet, in einem halben Jahr oder noch schneller durchgearbeitet hat. Eine derartige Form der Beschleunigung ist für den betreffenden Schüler schädlich, wenn er die so gewonnene Zeit nicht auf andere Interessen in der Schule verwenden kann. Der bekannte amerikanische Begabungsforscher und -pädagoge Renzulli nennt eine solche Form der Beschleunigung "Lernstoffkomprimierung" ("curriculum compacting"). Nach Renzulli *verdient* sich der Schüler durch die Komprimierung, durch die Verdichtung des Lernstoffes, Zeit, um während dieser verdienten Zeit andere Dinge zu tun. Schnelleres Lerntempo soll auch belohnt werden durch Anreicherung des normalen Unterrichtsstoffes.

Eine begabungsgerechte Förderung ohne zeitliche Mehrbelastung sind die sogenannten D-Zug-Klassen. Der gesamte Lehrstoff wird beschleunigt durchgearbeitet, z. B. das Lehrpensum von vier Jahren wird in erhöhtem Tempo innerhalb von drei Jahren durchgearbeitet. Diese Form der Beschleunigung hat u. a. den Vorteil, daß Entwicklungsgleiche während des ganzen oder eines Teiles der gesamten Schulzeit zusammen sind, was für eine harmonische sozial-emotionale und intellektuelle Entwicklung große Vorteile bietet. Erfahrungen mit dieser Beschleunigungsform wurden bisher nur in Gymnasien gemacht.

Anreicherung des normalen Unterrichts (Enrichment)

Anreicherung oder Enrichment kann auch als Erweiterung oder Vertiefung des Lehrstoffes umschrieben werden. Wichtig ist, daß der zusätzliche Lehrstoff anknüpft an Fähigkeiten und Bedürfnisse des betreffenden Schülers. Begabte Kinder können im allgemeinen in einem schnelleren Tempo mehr Lehrstoff durcharbeiten als ihre Mitschüler.

Enrichment kann auf verschiedene Arten verwirklicht werden und ist einfacher einzuführen in Schulen, in denen keine starre, statische Organisationsform vorherrscht. So kann man Interessensgebiete anbieten und fördern wie Musik, Fremdsprachen, fremde Kulturen und Völker, Raumfahrt, Kunst und Geschichte. Bei Geschichte besteht bei begabten Kindern offensichtlich weltweit ein besonderes Interesse an der Vorgeschichte der Menschheit und am Leben von Dinosauriern. Bei der Wahl eines Themas oder Gebietes sollte die persönliche Anlage des Schülers den Ausschlag geben. Die genannten Themengebiete eignen sich auch für Gruppenprojekte, wobei Schüler einzeln oder mit anderen bestimmte Teilgebiete durcharbeiten, und zwar auf dem eigenen Niveau. Für diesen anreichernden Unterricht ist es natürlich unerläßlich, daß eine Bibliothek und ein Materialraum verfügbar sind. Natürlich sind derartige Ausstattungen für alle Schüler vorteilhaft.

Andere Möglichkeiten, den normalen Unterricht auszuweiten und zu vertiefen, sind z. B. diese:

- Extra-Wahlfächer wie Computersprache oder Mineralogie,
- Schülerakademien,
- Arbeitsgemeinschaften,
- Zusammenarbeit mit Museen, Musik- oder Theaterschulen,
- Ferienlager und
- Samstagsschulen, wo in Gruppen oder einzeln an bestimmten Themen gearbeitet werden kann oder wo herausfordernde Aufgaben mit Entwicklungsgleichen gelöst werden.

Ganz zu Unrecht werden die nachfolgenden Aktivitäten als begabungsfördernd betrachtet:

- das Sortieren von alten Zeitungen,
- Besorgungen für den Lehrer machen,
- die Rolle des Pförtners übernehmen,
- Mitschülern, für die das Lerntempo zu hoch liegt, Nachhilfe geben,
- Klassenarbeiten und Hausaufgaben von Mitschülern nachsehen und beurteilen lassen,
- Schränke aufräumen und Pflanzen versorgen,
- Wiederholen derselben Aufgabe (statt zehnmal das Einmaleins gleich fünfzigmal). Oft hassen begabte Kinder das Wiederholen geradezu, sie beherrschen Stoff; und warum soll man, was man weiß, immer aufs neue wiederholen?

Seit geraumer Zeit steht in den Vereinigten Staaten das "kooperative Lernen" – der bessere Schüler hilft dem schwächeren – im Brennpunkt der Diskussion. Befürworter dieser "Förderform" sagen, daß hierdurch begabte Schüler sozial und intellektuell "besser" werden. Die Gegner führen an, daß es in vieler Hinsicht gut für den begabten Schüler ist, daß es aber weit nachteiliger ist, als gemeinhin angenommen wird. Der begabte Schüler suche das Schwierige, suche die Herausforderung. Wenn er durch fortwährende Nachhilfe keinen Gewinn erfahre, dann sei es eher schädlich. Eine derartige Förderform sei richtig in bestimmten Fällen, für bestimmte Gebiete und zu bestimmten Zeiten. Schließlich solle es beiden, dem stärkeren und dem schwächeren Schüler, zugute kommen. (Zur Hochbegabungsförderung in Deutschschweizer Volksschulen s. Stamm 1992.)

Das bestehende Schulsystem in fast allen Ländern Europas ist ungerecht gegenüber den Begabten und auch gegenüber den Minderbegabten. Denn im Jahrgangsklassensystem sollen sich alle Schüler zur selben Zeit, im selben Tempo dieselbe Menge an Lehrstoff aneignen. Als Richtschnur gilt hier der Durchschnitt. Wer zu weit nach unten oder oben abweicht, wird auf jeden Fall frustriert, denn der eine erlebt sich selber als Versager, und der andere muß sich fortwährend zurückhalten und verliert den Kontakt zur Realität. In beiden Fällen kann dieses Durchschnittssystem zu einem negativen Selbstbild und einer abnehmenden Schulmotivation führen. Dies soll im folgenden Kapitel näher dargelegt werden.

9. Hochbegabte Leistungsversager

Am Beispiel von Leistungsversagern wird deutlich, wie wichtig es ist, den Lernbedürfnissen begabter Schüler entgegenzukommen. Leistungsversager sind Schüler, deren Schulleistungen oft weit unter dem Niveau liegen, das aufgrund ihrer Intelligenz und Kreativität erwartet werden kann. Es besteht eine Diskrepanz zwischen den Fähigkeiten und den erbrachten Leistungen. Viele Forschungsdaten machen immer wieder deutlich, daß es sich hier um eine beträchtlich große Gruppe handelt, eine Gruppe, die nicht versagt wegen geringer Fähigkeiten, sondern aufgrund nichtintellektueller Faktoren.

Bei einem Vergleich von sehr begabten Schülern, die Leistungen erbrachten, die ihren Fähigkeiten entsprachen, mit sehr begabten Leistungsversagern ergibt sich aufgrund einschlägiger Forschungsergebnisse dieses Bild: Hochbegabte Leistungsversager haben eine äußere Kontrollüberzeugung, nämlich die Überzeugung, daß das eigene Verhalten vor allem von außen her bestimmt wird (im Gegensatz zur inneren Kontrollüberzeugung, wobei die Person sich selber als die das Verhalten kontrollierende Instanz sieht). Weitere auffallende Verhaltensmerkmale beim Leistungsversager waren:

- schwache Konzentration,
- negatives schulisches Selbstkonzept,
- geringes Lerntempo im Vergleich zu Mitschülern,
- große Mühe beim Studium von schriftlichem Lernstoff,
- negatives Urteil über Lehrer und Schule,
- geringe Schulmotivation,
- Unzufriedenheit über die eigenen Studiergewohnheiten und die erreichten Resultate,
- zu viele außerschulische Aktivitäten auf Kosten der Hausarbeiten,
- Mitschüler hegen zu hohe Erwartungen in bezug auf Leistungsfähigkeit,
- Lehrer behaupten immer wieder, daß die Leistungen unter den wirklichen Möglichkeiten liegen,

- die Eltern sind unzufrieden wegen der geringen schulischen Leistungen,
- Prüfungsangst,
- geringes soziales Selbstvertrauen,
- die betreffenden Schüler fühlen sich von den Klassenkameraden nicht akzeptiert.

Ein ganzer Katalog von wenig ermutigenden Verhaltensmerkmalen. Leistungsversager werden oft erst dann auffällig, wenn sie in einer weiterführenden Schule sind. Oft ist es dann nicht mehr so einfach, eine Korrektur der Einstellung und des Verhaltens und vor allem der Motivation herbeizuführen. Gerade der hochbegabte Schüler ist hier anfällig, da er oft jahrelang in der Grundschule nichts zu tun brauchte, d. h. sich nie hat anstrengen müssen, keine Lernmotivation hat aufbauen können. Auf dem Gymnasium werden Motivation und Anstrengungsbereitschaft vorausgesetzt. Daher ist frühes Erkennen von Hochbegabung wichtig, um bereits in der Grundschule die Lernbereitschaft des begabten Schülers zu wecken und zu fördern, indem anspruchsvoller und herausfordernder Lehrstoff angeboten wird. Vor allem bei Kindern aus bildungsabstinenten Umgebungen ist stimulierende schulische Umgebung ein notwendiges Ingredienz für die volle Entwicklung kindlicher Fähigkeiten.

Der Zusammenhang zwischen Selbstkonzept und Hochbegabung wurde in den letzten Jahren eingehend erforscht. Unter Selbstkonzept wird ganz allgemein verstanden: Wie sieht und beurteilt eine Person sich selber und wie denkt sie, daß andere sie sehen und beurteilen? Es handelt sich um die Einschätzung der eigenen intellektuellen, sozialen und körperlichen Fähigkeiten und Wirkungsmöglichkeiten. Diese Selbsteinschätzung wird erlangt durch die Erfahrungen in der direkten Lebenswelt, durch das Verhalten von wichtigen Bezugspersonen (anerkennend, stimulierend?) und schließlich durch das Ausmaß der Selbstbeurteilung eigenen Verhaltens und Handelns. Das Selbst ist gleichsam der Gegenstand verschiedenartiger Beurteilungs- und Anerkennungsprozesse.

Forschungsergebnisse bei hochbegabten Schülern machen immer wieder eines deutlich: Ein positives Selbstkonzept ist die treibende und bestimmende Kraft bei der Verwirklichung von Hochbegabung. Hochbegabte Jugendliche, verglichen mit durchschnittlich begabten Jugendlichen, so zeigt die internationale Forschung übereinstimmend, haben im allgemeinen ein positiveres Selbstkonzept (Mönks/Peters 1996). Außerdem zeigt sich, daß hochbegabte Leistungsversager im Hinblick auf schulische Angelegenheiten ein negatives, oft sogar sehr negatives Selbstkonzept haben.

Vergleichen wir die Situation von hochbegabten Schülern, unterteilt nach leistungsstark und -schwach, mit einem Hürdenlauf, dann ergibt sich dieses Bild: Das Selbstkonzept des begabten Leistungsversagers ist im Hinblick auf die Schule derart negativ beladen, daß alles, was mit der Schule zu tun hat, als eine fast unüberwindliche Hürde erfahren wird. Das bedeutet, daß das Unterrichtsprogramm, die Lehrer, die Klassenkameraden, das Leistungsklima, ja eigentlich die gesamte Schule eine negative Beurteilung bekommen. Die Leistungsmotivation ist niedrig, während die Prüfungsangst sehr hoch ist und eine "innere Kontrollüberzeugung" über die eigenen Fähigkeiten nicht existiert.

Der hochbegabte leistungsstarke Schüler hat all diese Probleme nicht: Der Hürdenlauf – um bei diesem Bilde zu bleiben – enthält für ihn (seiner Selbsteinschätzung nach) kein unüberwindliches Hindernis. Er nimmt vom Start bis zum Ende eine Hürde nach der anderen, getragen von einem positiven Selbstkonzept. Auch für ihn wird es Einbrüche und Härten geben, aber insgesamt baut er eben durch positive Erfahrungen beträchtliche Reserven auf, die er in schweren Zeiten gut verwenden kann.

10. Beispiele für differenzierte Unterrichtsangebote

Differenzierung des Lehrstoffangebots, d. h. eine von den Fähigkeiten des einzelnen Kindes ausgehende Schulpädagogik, ist der Kern der Begabungsförderung schlechthin. Beschleunigung und Anreicherung (Enrichment) haben in einer solchen Vorgehensweise ebenso einen Platz wie Verlangsamung, Wiederholung und Nachhilfe für den schwächeren Schüler. So kann jedem Kind zu seinem Recht verholfen werden. Wie Differenzierung in der Schulpraxis verwirklicht werden kann, soll an den folgenden Praxisfällen dargestellt werden. Es handelt sich hierbei um die beiden Grundschulkinder Jutta und Thomas.

Jutta ist hochbegabt

Juttas Eltern kommen im April 1992 in unsere Beratungspraxis, um sich beraten zu lassen, wie sie Jutta am besten erziehen können. Jutta ist zu dem Zeitpunkt fast fünf Jahre alt. Nach Aussagen der Eltern hatte ihre Tochter eigentlich schon immer einen Entwicklungsvorsprung, verglichen mit anderen Kindern: Sie bekam Zähne mit vier Monaten, sprach ausgezeichnet im Alter von eineinhalb Jahren, lernte spontan lesen, bevor sie drei Jahre alt war, zeigte im selben Alter großes Interesse für Pflanzen und konnte eine große Anzahl schon exakt benennen.

Zum Zeitpunkt der ersten Beratung war Jutta im Kindergarten. Die Eltern meinten, daß ihr Kind eigentlich über geistige Fähigkeiten verfüge, die in der zweiten Grundschulklasse vorausgesetzt werden. Bereits in diesem jungen Alter waren ihre Sachkenntnisse außergewöhnlich groß, sie kannte das Einmaleins, las Bücher und Populärzeitschriften – und dies alles tat sie völlig von sich aus. Die Eltern förderten sie nicht, aber sie legten ihr auch nichts in den Weg. Trotz dieser ungewöhnlichen geistigen Fähigkeiten sahen sie Jutta in gefühlsmäßiger Hinsicht deutlich als kleines Vorschulkind.

Jutta ist sich ihrer außergewöhnlichen Begabung sehr wohl bewußt. Sie schämt sich dafür und möchte ihr Talent am liebsten verborgen halten. Dadurch ist sie selbstunsicher und benimmt sich in Gruppen ziemlich hilflos. Mit vier Jahren äußert sie Todeswünsche, da das Leben nach ihrer Auffassung doch keinen Sinn habe. (Ein derartiges Gefühl tritt häufig bei jungen, sehr begabten Kindern auf.) Für Juttas Eltern war dies ein deutliches Signal, Hilfe von Fachleuten in Anspruch zu nehmen.

Jutta ist im Umgang ein angenehmes und liebes Kind, sie ist sehr empfänglich für Gefühlsstimmungen anderer, knüpft aber nicht so leicht Kontakte mit Gleichaltrigen. Am liebsten spielt sie mit älteren Kindern und hat dabei keine besondere Vorliebe für "kluge" Kinder, sondern mehr für ruhige und bedachtsame Typen. Die Eltern fragen sich, ob es gut ist, wenn ihr Töchterchen weiterhin im Kindergarten bleibt, weil es dort zu wenig intellektuelle Anreize bekommt. Was das Lernvermögen betrifft, könnte Jutta eigentlich schon die zweite Grundschulklasse besuchen. Dabei entsteht natürlich wieder das Problem, daß sie dann unter Kindern ist, die wahrscheinlich in ihrem sozialen Verhalten und in ihrer Gefühlsentwicklung weiter sind. Es stellt sich die Frage, ob ein schnelleres Durchlaufen der Schule eine Lösung ist und, falls diese Frage bejaht wird, wie man das verwirklichen kann.

Jutta hätte ohne weiteres aufgrund ihrer intellektuellen Fähigkeiten in der Tat mit vier Jahren den Stoff der zweiten Klasse beherrschen können. In der Beratungspraxis wurde jedoch angeraten, sie in die erste Klasse einzuschulen, weil dies – so war zu erwarten – für die Sozial- und Gefühlsentwicklung besser sei. Dennoch kam es anders. Nach einem gründlichen Gespräch zwischen Schulleitung, Eltern und dem künftigen Lehrer wurde sie direkt in die zweite Klasse eingeschult. Die Überlegung dabei war, daß Jutta in der ersten Klasse zu wenig herausgefordert würde, was eine ungünstige Auswirkung auf ihre Sozial- und Gefühlsentwicklung mit sich bringen könnte.

Zunächst war der Lehrer skeptisch, auch wenn er diese Entscheidung mitgetroffen hatte. "Ich bin nie begeistert, wenn wieder so ein Kind kommt", sagt er, "ich dachte, mein Gott, was steht mir nun wieder bevor! Na ja, sie ist hochbegabt, und die Eltern wissen auch nicht, was sie machen sollen, und wir werden es halt probieren." Der Lehrer sah bangen Herzens den Schwierigkeiten entgegen, die er erwartete.

Tatsache war, daß Jutta nicht mit dem Schulleben vertraut war und daß sie noch das Schreiben lernen mußte, während ihre Feinmotorik noch nicht genügend entwickelt war. "Weil sie die erste Klasse ganz übersprang, hatte sie beispielsweise Schwierigkeiten dabei, ein Buch richtig in die Hände zu nehmen", erzählt er. "Dann gab es eine Periode, daß wir beide entsetzlich nervös von allem wurden, und ich dachte, sie wird das psychisch nie schaffen. In der ersten Zeit fiel mir wohl auf, daß sie intelligenzmäßig den Lehrstoff ohne weiteres schaffte. Sie lernte außergewöhnlich schnell und gehört nun schon zu den Besten der Klasse. Meiner Ansicht nach besitzt dieses Mädchen eine ungewöhnlich hohe Intelligenz. – Anfangs hatte Jutta, wie ich schon sagte, die größten Schwierigkeiten mit dem Schreiben. In äußerster Verzweiflung habe ich dann die Mutter gebeten, mit ihrer Tochter Schreibübungen zu machen und dafür ein Buch der ersten Klasse zu gebrauchen." Es zeigte sich, daß Jutta innerhalb von drei Monaten den Schreibrückstand einholte, wonach der Lehrer bemerkt: "Sie schreibt jetzt prima. Über die schnelle Verbesserung war ich sehr erstaunt. Ich dachte nämlich: Dieses Mädchen wird ihr ganzes Leben lang eine unlesbare Handschrift behalten."

Dem Lehrer war aufgefallen, daß Jutta eine ausgesprochene Sprachbegabung besitzt, die sich u. a. in Klassengesprächen und in kleinen Artikeln äußert, die sie für die Schulzeitung schreibt. Wir (die Autoren dieses Buches) fragen im Gespräch mit dem Lehrer, ob in der Klasse Sprache und Sprachtalent im allgemeinen und speziell auch im Falle von Jutta gefördert werden. Antwort: "Jetzt, da Jutta die Sache motorisch beherrscht, ist sie beim Diktieren und beim Abschreiben perfekt." Aufsätze, so zeigt sich, werden nicht gemacht. Jutta findet den Sprachunterricht das Allerlangweiligste, was es in der Schule gibt. Etwas verlegen und mit unterdrücktem Ärger sagt sie: "Dann brauchen wir nur von der Tafel abzuschreiben. Von der Tafel abschreiben!! Und das wird dann Sprachunterricht genannt!" Sie würde gerne Aufsätze schreiben. Zu Hause schreibt sie manchmal mit dem Computer ihrer Mutter Gedichte, z. B. dieses:

die Bäume haben einen Gipfel
und der Wind bewegt den Zipfel
die Wiesen sind naß
und das macht den Fröschen Spaß

Der Lehrer findet, daß Jutta schneller vorankönne und daß sie auch mehr Lehrstoff verarbeiten könne. Dennoch findet er die Frage, was als Anreicherung des normalen Stoffes getan werden könne, "sehr theoretisch". "Ich finde es schon jammerschade, daß ein Kind die erste Klasse überspringt. Sie hat all die schönen Spielchen und so, die normalerweise in der ersten Klasse geschehen, nicht mitmachen können. Ich finde, daß ein Kind da etwas Herrliches versäumt." Ob er das an ihr festgestellt habe, wollen wir wissen. "Das finde ich einfach so, obschon ich mir auch vorstellen kann, daß sie sich zu Tode gelangweilt hätte in der ersten Klasse." Der Lehrer sagt auch noch, daß er bisher nie darüber nachgedacht habe, was er Jutta als zusätzlichen oder gar herausfordernden Lernstoff hätte geben sollen, und schließlich reiche es aus, wenn in der dritten Klasse im Rahmen des Projektunterrichtes auf persönliche Interessen eingegangen werde. "Ich richte mich nach der großen Gruppe der Durchschnittlichen, daher gebe ich auch vor allem Frontalunterricht", fügt er noch erklärend hinzu. "Und außerdem", so sagt er, als er merkt, daß diese Erklärung uns nicht zufriedenstellt, "hatte ich nie das Bedürfnis, mehr über den Umgang mit hochbegabten Kindern zu wissen. Hätte ich zu einem gegebenen Zeitpunkt gedacht, das geht nicht mehr, dann hätte ich ganz gewiß irgendwo Hilfe gesucht und auch gefunden."

Wir reden mit dem Lehrer und Jutta über die Erfahrungen im sozial-emotionalen Bereich. Von Anfang an war es eine Riesenfrage, ob sie sich sozial-emotional in der Gruppe älterer Mitschüler behaupten würde. Sie war nicht nur jünger, sondern auch noch ausgesprochen klein gewachsen. Der Lehrer berichtet: "Auf dem Schulhof war sie anfangs ängstlich und mischte sich nicht unter die anderen Kinder. Ganz allmählich wurde ihr Sozialverhalten besser. Sie ist nicht der Typ, der mit jedermann auf dem Schulhof herumtobt, aber sie hat jetzt doch einige Freundinnen, mit denen sie spielt. Sie bevorzugt ruhige Kinder."

Jutta sagt, daß sie zu Hause, in der Nachbarschaft, kaum Freundinnen habe. Die meisten Spielfreunde hat sie in der Schule, obgleich es noch immer wieder passiert, daß sie sich auf dem Schulhof in der Pause nicht wohl fühlt: "Manchmal wünsche ich mir, wieder im Kindergarten zu sein, da waren alle so alt wie ich. Manchmal dauert es lange, bis ich mein Butterbrot gegessen und meine Milch getrunken habe. Dann spielen die anderen schon alle, und sie sagen dann: 'Nein, jetzt kannst du nicht mehr mittun!'" Ob sie dann böse sei? "Nein, nicht böse, sondern ein wenig traurig; dann setze ich mich irgendwo am Rande des Schulhofes auf einen Stein."

Trotz dieses zeitweisen Heimwehs nach dem Kindergarten bedeutet die Schule für Jutta alles. Als sie gebeten wird, eine Zeichnung zu machen, zeichnet sie ihre Schule und zeigt an, in welchem Klassenzimmer und an welchem Fenster sie sitzt. Ihre früheste Erinnerung an den Kindergarten ist ein "sehr schönes Spiel, wenn man nämlich gewonnen hatte, durfte man zur großen Schule". Auch will sie später Lehrerin werden. Lehrerin zu sein stellt sie sich schön vor, denn, so sagt sie: "Wenn ich Stewardeß bin, kann ein Flugzeugunglück geschehen, und wenn ich Bäcker werde, dann werde ich zu dick, und Feuerwehrfrau ist zu aufregend – also wähle ich den Lehrerberuf."

Noch im selben Jahr (1992) wird Jutta nach den Sommerferien in die dritte Klasse versetzt. Inzwischen war sie fünf Jahre alt. Der neue Lehrer erkannte schon bald, daß sie sich langweilte, obwohl sie bereits mehr als eine Klasse übersprungen hatte. Er findet, daß ihr mehr geboten werden muß, als es der normale Unterrichtsplan ermöglicht.

Daher wurde ein Gespräch geplant, bei dem er selber, der Schulleiter, die Eltern und der Fachberater (F. J. Mönks) anwesend waren. Es bestand volle Übereinstimmung, daß es notwendig sei, ein Förderprogramm anzubieten. Da die Schule eine zusätzliche Hilfslehrkraft hatte, die schwachen Schülern Nachhilfeunterricht gab, wurde beschlossen, das Aufgabengebiet dieser Hilfslehrkraft zu erweitern. Im Falle Juttas sollte diese Lehrkraft zusätzlichen Lehrstoff zusammenstellen, der Juttas Lernniveau und -tempo entsprach. Auch wurde erwogen, Jutta schon am Englischunterricht teilnehmen zu lassen, der in den oberen Klassen gegeben wird, und darüber hinaus Teilnahme am Computerunterricht und am Schachclub anzubieten. Auf all diesen Gebieten hatte sie schon früh großes Interesse gezeigt. Als weitere Maßnahme wurde Projektarbeit ins Auge gefaßt. Jutta sollte bei Projektarbeit weitergehende Aufträge bekommen als die Mitschüler. Vorteil der letzten Maßnahme ist, daß sie dann auf ihrem eigenen Niveau und im eigenen Tempo arbeiten kann; als Mitglied der Gruppe trägt sie wie alle anderen an der Projektrealisierung bei, ohne daß sie "auffällt" als jemand, der einen speziellen Auftrag hat. Das Beratungsgespräch wurde mit dem Vorhaben abgeschlossen, nach einem halben Jahr zu prüfen, ob die begabungsfördernden Maßnahmen den Erwartungen entsprechen und ob sie angepaßt werden müssen.

Wenn wir nun zusammenfassend auf unser Mehrfaktorenmodell zurückgreifen (s. S. 21 ff.), so können wir feststellen, daß Jutta die Persönlichkeitsmerkmale Kreativität, Motivation und intellektuelle Fähigkeiten in hohem Maße besitzt. Was die Umgebungskomponenten betrifft, so kann gesagt werden, daß Eltern und Schule ihre besondere Begabung nicht nur erkennen, sondern auch begabungsfördernde Maßnahmen beschließen und realisieren. Das Überspringen der ersten Klasse kann als richtige Maßnahme betrachtet werden.

Es stellt sich jedoch die Frage, ob dieses Überspringen eine ausreichende begabungsfördernde Maßnahme ist. Begabungsförderung im Falle von Jutta – bei anderen begabten Schülern liegt es ähnlich – setzt individuelle Behandlung voraus. Werden Lehrer in ihrer Ausbildung auf eine derartige Aufgabe vorbereitet? Wir haben gesehen, daß der Lehrer der zweiten Klasse bereit war, Jutta zu helfen, daß er aber unsicher wurde, wenn er von seinem normalen, frontal orientierten Unterrichtsprogramm abweichen mußte, um Jutta die notwendige Förderung geben zu können. Wenn man beispielsweise auf die Sprachbegabung eines Kindes eingehen will, bedeutet das, daß man weitergeht, als es der normale Unterrichtsplan "vorschreibt". Das setzt Kreativität und Einsatzbereitschaft beim Lehrer voraus.

Das Förderprogramm, das schließlich in der dritten Klasse in gemeinsamer Arbeit von Lehrer, Schulleiter, Eltern und Fachmann erstellt wurde, macht deutlich, daß begabungsfördernde Maßnahmen im normalen Unterrichtsgeschehen verwirklicht werden können, wenn Mehrarbeit und Abweichen vom Normalgeschehen nicht gescheut werden.

Im Falle von Thomas, den wir nun ausführlich besprechen werden, haben wir ein anderes Beispiel, wie notwendig Förderprogramme für eine gesunde Entwicklung hochbegabter Schüler sind.

Thomas ist hochbegabt

Die Eltern des zehnjährigen Thomas kommen zum "Zentrum für Begabungsforschung", das der Universität Nijmegen (Niederlande) angeschlossen ist, um sich beraten zu lassen, wie sie ihren Sohn am besten erziehen können. Zu Hause und in der Schule verlangt Thomas viel Aufmerksamkeit, und er ist zuweilen im Umgang recht schwierig. Bereits als Kleinkind verhielt er sich auffallend aufgeschlossen und lernbegierig: Er hatte großes Interesse an seiner Umgebung, wollte alles genau erkunden und hatte daher kaum Zeit und Ruhe zum Schmusen. In seiner Sprachentwicklung war er sehr schnell; mit sechs Jahren hatte er den Wortschatz eines Zwölfjährigen. Die Eltern wußten nicht, wie sie seiner außergewöhnlichen Lern- und Wißbegierde entgegenkommen sollten. Da er im Kindergarten als schwieriges und "dummes" Kind beurteilt wurde, empfahl der Schulberatungsdienst den Besuch eines für erziehungsschwierige Kinder bestimmten Kindergartens. Dort könne er fachkundig erzogen werden.

Auch in diesem Spezialkindergarten trat keine Verbesserung ein: Er wurde eher aufsässiger und unkontrollierbarer. Da man annahm, er sei ein MCD-Kind (Minimale Cerebrale Dysfunktionen = leichte Hirnfunktionsstörungen), wurde schließlich ein Internat für Schwersterziehbare empfohlen. Die Eltern, die aus eigener Erfahrung wußten, wie schwierig er war, konnten sich anfangs nicht mit dem Gedanken versöhnen, daß ihr Sohn in ein Heim für Schwersterziehbare eingewiesen werden sollte. Es schien jedoch keine andere Wahl zu geben.

Schon bald zeigte sich, daß es zwischen Thomas und den anderen Heimkindern einen riesengroßen Abstand in intellektueller Hinsicht gab und daß das Personal, teils hochqualifiziert, nicht wußte, wie man diesem Jungen beikommen sollte. Bereits nach einem halben

Jahr konnte die Mutter die Heimleitung davon überzeugen, daß Thomas im Grunde nicht schwersterziehbar sei, sondern daß ihn keiner richtig verstehe. Ihrem Einsatz war es zu verdanken, daß ihr Sohn in eine kleine Grundschule in ihrem Heimatort kam; er kam in die vierte Klasse. Dieser Wechsel war ein goldrichtiger Schritt. Die Lehrer dieser Schule schafften es, Thomas in erzieherischer und unterrichtlicher Hinsicht richtig zu begleiten.

Die Lehrer dieser Schule erkannten schon bald, daß Thomas ein überaus begabtes Kind war, das absolut nicht auf eine Schule für Lernbehinderte gehörte. Er gehörte auf eine Schule mit hohem Anspruchsniveau und einem schnellen Lerntempo. In sozialer Hinsicht hatte Thomas große Schwierigkeiten: fortwährend Streitereien und keine Freunde. Auch versuchte er, die Aufmerksamkeit der Lehrer immer wieder auf sich zu ziehen. Ganz allmählich veränderte sich sein Verhalten. Zunächst spielte er mit den Erstkläßlern und übernahm dann gerne vor allem die väterliche und beschützende Rolle. Dadurch kam er regelmäßig mit den älteren Schülern in Konflikt. Nach einiger Zeit schloß er sich mehr den Gleichaltrigen an und fing an, mit ihnen zu spielen. Nach einigen Monaten hatte er einen festen Spielkameraden, mit dem er auch außerhalb der Schule viel Umgang hatte. Die Lehrer sahen hierin eine Phase, die zu wirklichen Freundschaftsbeziehungen führen konnte.

Da die Schule gerne genau wissen wollte, welche intellektuellen Fähigkeiten Thomas besitze und wie er am besten gefördert werden könne, kamen die Eltern mit ihrem zehnjährigen Sohn in unsere Beratungspraxis. Er war nun schon gut zwei Jahre auf der Schule in seinem Heimatort. Nachdem die Lehrer seine außergewöhnliche intellektuelle Begabung erkannt hatten, bekam er den Lehrstoff in schnellerem Tempo angeboten. Das wirkte sich günstig aus. Es hatte sich nämlich gezeigt, daß er den Stoff seiner Jahrgangsklasse sehr schnell durcharbeitete, sich danach aber langweilte und sich störend verhielt. Da die Schule bisher auf eigenem Kompaß gefahren war, wollte man nun gerne fachkundige Richtlinien für die intellektuelle und soziale Erziehung des Jungen.

Die Schule bekam folgenden Rat: Lehrstoff anzubieten, der abwechslungsreich, tiefgehend und herausfordernd ist. Die Motivation sollte verstärkt werden, indem der Lehrer zusammen mit Thomas die zu bearbeitenden Themen festlegte. In sozialer Hinsicht bestand ein großes Problem, da Thomas mit seinem Wissen prahlte und dadurch die Mitschüler von sich abstieß. Hier wurde der Rat gegeben, diesen Vorsprung an Wissen positiv einzusetzen, indem er schwächeren Mitschülern behilflich sein sollte (kooperatives Lernen). Dadurch, so wurde erwartet, würden sich nach beiden Seiten hin positive Gefühle entwickeln.

Die Frage der Eltern, ob es günstig sei, Thomas eine Klasse überspringen zu lassen, wurde mit Nein beantwortet. Er käme dann nämlich sehr jung auf das Gymnasium (in den Niederlanden nach acht Grundschuljahren – vom vierten bis zum zwölften Lebensjahr), was intellektuell gewiß keine Schwierigkeiten verursachen würde, aber seine sozial-emotionale Entwicklung sollte sich noch ruhig entfalten in der jetzigen Schule.

Nach Aussagen des Schulleiters bietet die Schule genügend Möglichkeiten zur Verwirklichung von Enrichment und Beschleunigung: "In unserem Unterricht gehen wir von einer bestimmten Menge Grundstoff aus. Für schwache Schüler ist der Stoff einfach gehalten, während er für den begabten Schüler zum selben Thema oder Gebiet anspruchsvoller und schwieriger ist. In unserem System arbeiten die Schüler individuell, was ein beträchtliches Maß an Selbständigkeit voraussetzt. Das kostet sehr viel Zeit. Gott sei Dank sind unsere Klassen nicht so groß, im Höchstfall 25 Schüler pro Klasse. Das Unterrichtsmaterial, das wir verwenden, ist so angelegt, daß es schnell zu verarbeiten ist. Sonst hätten wir viel zu wenig Zeit."

Als Thomas in der fünften Klasse war, arbeitete er mit seinen Klassenkameraden, aber beschäftigte sich im Rechnen und in der Sprache mit Büchern der nächsten Klasse. Ein derart durchlässiges System ist vorteilhaft für schnelle, aber auch für schwache Schüler.

Inzwischen hatte der Schulleiter auch Kontakte angeknüpft mit dem Gymnasium, auf das Thomas gerne gehen wollte. "Ich habe einen Stapel Bücher bekommen, die sie dort im ersten Jahr gebrauchen, um eine Art Übergang herzustellen zwischen dem, was er bei uns auf der Schule macht, und was dort verlangt wird."

Thomas' Lernbegierde war vor allem im Hinblick auf Sprache sehr groß. Es war oft schwierig für den Lehrer, hierbei die richtige Begleitung zu geben: "Manchmal arbeitet er an einem Tag zehn oder zwanzig Seiten des Sprachlehrbuches durch. Er schafft es ohne große Mühe, ein Sprachbuch in einem Monat durchzuarbeiten, das normalerweise in sechs Monaten durchgearbeitet werden soll. Der Drang, sich verstärkt anzustrengen, ist dann am größten, wenn er ein Lehrbuch der fünften Klasse (er ist jetzt in der vierten Klasse) fast durchgearbeitet hat, so daß er ein Lehrbuch der sechsten Klasse bekommt. Aber er ist sehr genau, sehr perfektionistisch. Bei Rechenaufgaben, die unter Zeitdruck gelöst werden müssen, bleiben seine Leistungen unter seinem Niveau – selbst unter dem Niveau seiner gleichaltrigen Klassenkameraden –, und zwar aus Angst, daß er etwas falsch macht. Er erbringt die besten Leistungen, wenn er das Tempo selber bestimmen kann. Außerdem ist seine Leistungsmotivation am stärksten, wenn die Aufgabe anspruchsvoll ist und auf seinem Interessengebiet liegt."

Großes Wissen hatte er auf dem Gebiet der Raumfahrt und der Vorgeschichte. Wenn er hierüber einen Vortrag hielt, dann hingen die Mitschüler an seinen Lippen. Zuweilen mißbrauchte er sein umfangreiches Wissen auf bestimmten Gebieten auch für Schabernack, weil er oft mehr wußte als der Lehrer. Der Lehrer: "Oft phantasiert er in seinen Vorträgen Dinge zusammen. Erst später, wenn ich zu Hause das Gesagte im Lexikon nachlese, stelle ich fest, daß nicht alles so ist, wie er es gesagt hat."

Der Lehrer versuchte, Phantasiegeschichten zu unterbinden, indem Thomas als Aufgabe bekam, einen Vortrag über das Schifffahrtswesen zu halten. Schiffahrt war ein Hobby des Lehrers, und außerdem hatte Thomas sich bisher damit noch nicht befaßt. Es stellte sich heraus, daß Thomas zu Hause nichts an der Vorbereitung getan hatte und dennoch einen Vortrag von zwanzig Minuten hielt (länger darf ein Vortrag nicht sein). "Die Mitschüler hörten atemlos zu. Es war eine wunderbare, spannende und logische Geschichte, aber nichts stimmte. So erzählte er z. B. über Supertanker, die unheimlich schwer zu manövrieren sind, so schwer, daß die Besatzung schon auf der Höhe von Schottland anfangen muß zu bremsen, damit der Tanker rechtzeitig in Rotterdam zum Stillstand kommt."

Der Lehrer unterbrach Thomas nicht und ging auch während der Unterrichtsstunde nicht auf die Unrichtigkeit der Geschichte ein, da Thomas ganz in den Bann seines Vortrages geraten war und auch seine Mitschüler völlig fesselte. Der Lehrer fand es nicht richtig, Thomas vor der Klasse eine Blöße zu geben. Ein paar Tage später nahm er Thomas beiseite, um über das Vorgefallene zu reden. Es fiel ihm schwer zuzugeben, daß sein Vortrag vor allem ein Phantasieprodukt war. Andererseits ist zu bedenken, daß gerade die Fähigkeit, derartig spannende Geschichten zu erzählen, dazu beitrug, daß seine Mitschüler ihn zunehmend mochten und schätzten. Und soziale Achtung hatte er unbedingt nötig. Gerade der Umgang mit Mitschülern war anfangs ein großes Hindernis. Immer wieder hatte er das Mißfallen seiner Mitschüler erregt. Das war jetzt ganz verschwunden.

Der Rat, seine außergewöhnlichen intellektuellen Fähigkeiten in die richtigen Bahnen zu lenken, wurde wie folgt in die Praxis umgesetzt: Thomas lernte, anderen Schülern z. B. bei Rechenaufgaben zu helfen oder bei den Hausaufgaben. Der Lehrer sagte hierüber: "Ich habe ihm gesagt, daß helfen auch etwas anderes sein kann als vorsagen. Man muß zurückgehen zum Anfang einer Aufgabe und dann Schritt für Schritt erklären, wie man die Aufgabe löst. Dabei muß man geduldig sein und darf auch Wiederholungen nicht scheuen. Als den Mitschülern deutlich wurde, wie behilflich Thomas sein kann, wurde aus der anfänglichen Ablehnung eine begeisterte Zuwendung. Diese Zuwendung hatte Thomas nötig, wie jedes Kind danach verlangt."

Thomas hatte ein starkes Kontaktbedürfnis und ein großes Verlangen nach persönlicher Zuwendung. Der Lehrer sagte, daß Thomas in der ersten Zeit auf dieser Schule die Lehrer immer anfaßte. Wenn er etwas fragte, "legte er seine Hand auf den Arm oder die Schulter des anderen, nicht nur bei den Mitschülern, sondern auch bei den Lehrern, was die meisten gar nicht angenehm fanden. Jeden noch so geringfügigen Anlaß nahm er wahr, um Fragen zu stellen, während er die Antwort schon längst kannte. Er findet es herrlich, wenn man das Spielchen mitspielt".

Über die Entwicklung des sozialen Verhaltens von Thomas kann zusammenfassend folgendes gesagt werden: Das dominierende Verhalten den Mitschülern gegenüber ist deutlich zurückgegangen, das Anknüpfen von Freundschaftsverbindungen mit Gleichaltrigen geht voran, während das starke (körperliche) Kontaktbedürfnis immer noch da ist. So wurde ein Vertreter des Klassenlehrers fortwährend mit Fragen bombardiert und dabei angefaßt.

Der Schulleiter ist davon überzeugt, daß gerade in einem Fall wie Thomas' eine gute Zusammenarbeit mit dem Elternhaus unerläßlich ist. Die Maßnahmen, die die Schule einleitet und durchführt, müssen bei den Eltern nicht nur bekannt sein, sondern mitgetragen werden. Außerdem ist für die Schule wichtig zu wissen, wie die Kinder zu Hause sind und welche Rolle die Schule im Leben des Schülers spielt.

Kehren wir zurück zum Klassenlehrer. Er sagt, daß er während seiner zwölfjährigen Laufbahn schon eine ganze Reihe von sehr begabten Schülern unterrichtet habe, aber noch nie einen vom Kaliber des Thomas. Er empfand es als eine besondere Herausforderung, einen solchen Schüler in der Klasse zu haben.

"In unseren Teambesprechungen ist Thomas oft das Gesprächsthema, da wir alle lernen müssen, auch mit solchen Schülern auf die richtige Art umzugehen. Uns wurde in der Ausbildung beigebracht, wie wir mit 'schwachen Kameraden' umgehen müssen, aber über den Umgang mit talentierten Schülern hat man uns nichts beigebracht. In meinem Bekanntenkreis von Lehrern war keiner, der mir helfen konnte. Eigentlich muß in der Ausbildung auch der 'hochbegabte Schüler' einen Platz haben, wie man ihn erkennt und wie man ihn richtig fördert. Sogar die Schulberatungsstellen, die wir um Rat baten, konnten uns nicht helfen."

Thomas ist inzwischen ein eifriger und guter Gymnasiast. Das Lernpensum ist umfangreich, aber er hat das gerne. Im Augenblick ist sein größter Berufswunsch, an der Universität Sternkunde zu studieren.

Zusammenfassend und Bezug nehmend auf das weiter oben dargestellte Mehrfaktorenmodell (s. S. 21 ff.) können wir ebenso wie bei Jutta sagen: Die Persönlichkeitsmerkmale Kreativität, Motivation und intellektuelle Fähigkeiten sind bei Thomas in hohem Maße vorhanden. In besonderer Weise geht die Schule auf den intellektuellen Vorsprung und auf das ungenügend entwickelte sozial-emotionale Verhalten von Thomas ein. Die auf das Kind ausgerichtete Schulorganisation und das begeisterte und einsatzfreudige Lehrerteam schaffen die Voraussetzung dafür, daß individuelles Lerntempo und -niveau, d. h. Beschleunigung und Anreicherung, in der Normalschule verwirklicht werden können. Die "besondere Aufmerksamkeitszuwendung" hat dazu beigetragen, daß Thomas gute Fortschritte macht in seiner Entwicklung vom "Außenseiter" zum sozial angepaßten Schüler. Der Einsatz und die Einsicht der Lehrer haben das sozial wünschenswerte Verhalten mitentwickelt. Dadurch wurde Thomas auch zunehmend von den Mitschülern akzeptiert und geschätzt.

Zum dritten für die gesunde Entwicklung wichtigen Umgebungsfaktor, zur Familie, können wir sagen, daß es dem unermüdlichen Einsatz der Mutter zu verdanken ist, daß für Thomas eine befriedigende Lösung gefunden wurde. Durch Unwissenheit wurden im Falle von Thomas so manche Fachleute auf einen Irrweg geführt. Falsche Behandlung ist für kein Kind gut; eine richtige Diagnose ist die Grundlage für gezielte pädagogische und unterrichtliche Maßnahmen. Obgleich die Eltern schon sehr früh um pädagogische und psychologische Beratung nachgefragt und sie auch bekommen haben, hat sie unkundige Beratung auf den falschen Weg gebracht. Durch die Diagnose MCD-Kind (leichte Hirnfunktionsstörungen) hat sich alles hierauf verdichtet, und der Weg zur richtigen Diagnose war zunächst verschlossen: Dieses Kind ist hochbegabt!

Trotz der Tatsache, daß sich im Falle von Thomas das gesamte Lehrerkollegium gut eingearbeitet hat in die Problematik und in die Lösungswege von "Hochbegabung", besteht großes Bedürfnis an Weiter- und Fortbildung. Auch Eltern, so muß hier festgehalten werden, haben in dieser Hinsicht das Bedürfnis nach relevanter Information und Aufklärung, damit problematische Erziehungssituationen und nachteilige Entwicklungsverläufe möglichst vermieden werden.

11. Die reformpädagogische Bewegung

Die reformpädagogische Bewegung in Europa wollte sich distanzieren von der "alten Schule" des 19. Jahrhunderts. In der "alten Schule" waren Autorität und Intellektualismus die tonangebenden Prinzipien. Die reformpädagogischen Bestrebungen, die vor allem im ersten Drittel dieses Jahrhunderts wirksam waren, richteten sich darauf, dem Kind eine zentrale Stellung zu geben. Das Bestreben war, eine kindgerechte und eine vom Kind ausgehende Schule zu verwirklichen.

Einer der Begründer der Reformpädagogik war der Belgier *Decroly* (1871 – 1932). Er kritisierte vor allem, daß die Schule als "Paukanstalt" zu weit vom Kinde entfernt war. So sei beispielsweise die Fächereinteilung vorgenommen worden, ohne dabei auf die natürlichen Entwicklungstendenzen des Kindes zu achten, ohne Rücksicht darauf, daß das Kind auch eigene Wünsche vorbringen konnte. Andere Pädagogen, die reformpädagogische Pläne verwirklichen wollten, waren *Peter Petersen* (1884 – 1952), der Begründer der Jena-Plan-Schule im Jahre 1927, *Maria Montessori* (1871 – 1950) und im Anschluß an letztere *Helen Parkhurst* (1887 – 1973), die Begründerin der Dalton-Plan-Schule. Nachdem Parkhurst einige Jahre mit Maria Montessori zusammengearbeitet hatte, gründete sie in der amerikanischen Ortschaft Dalton eine Schule, die ausgerichtet war nach den Prinzipien Montessoris; diese Schule leitete sie bis zum Jahre 1942.

Die wichtigsten Erneuerungsschulen Montessori, Jena-Plan und Dalton-Plan stellen das Kind und seine spontanen Entwicklungstendenzen zentral: Das Kind als einmaliges Wesen hat Recht auf eine bestmögliche Entwicklung seiner Anlagen und Fähigkeiten. In ihren didaktischen Prinzipien gehen diese Reformschulen von Individualisierung und Differenzierung aus, d. h. Eingehen auf das Einzelkind und Lehrstoffangebot in gestaffelter Form. Das Jahrgangsklassensystem, d. h. Gruppierung der Schüler nach dem Lebensalter, weisen sie als "kindungerecht" und "kindunfreundlich" zurück. Indem das

Prinzip der Differenzierung einen zentralen Platz bekommt, werden allen Kindern, durchschnittlich oder hochbegabt, bestmögliche Entwicklungschancen geboten.

Am Beispiel der Montessori-Schule soll versucht werden, deutlich zu machen, ob und wie begabte und talentierte Kinder in diesem Unterrichtssystem auch tatsächlich eine Erziehung bekommen, die in Übereinstimmung mit ihren Anlagen und Fähigkeiten ist, und außerdem, ob auch das individuelle Lerntempo berücksichtigt wird (Holtstiege 1991; Haberl 1993).

Montessori-Pädagogik: verborgener Lehrplan für hochbegabte Schüler

Maria Montessori, die Begründerin der Montessori-Pädagogik, war selber hochbegabt. Sie galt als mathematisches Wunderkind und erwarb im Alter von 26 Jahren als erste Frau Italiens den Doktorgrad der Medizin. Durch die Gründung des ersten *Kinderhauses* im Jahre 1905 beschritt sie völlig neue Wege, geistig behinderten und extrem verwahrlosten Kindern zu helfen. Die neuen Ideen und Erziehungsmittel, die sie entwickelte, um diesen Kindern zu helfen, waren so erfolgreich, daß sie schon bald weltweit eine der bekanntesten Frauen wurde. Obgleich ihre Prinzipien zunächst für das Kleinkind und das Grundschulkind entwickelt wurden, konnten sie auch in weiterführenden Schulen zur Anwendung gebracht werden.

Montessori ging von der Annahme aus, daß jedes Kind die angeborene Neigung hat, seine Anlagen/Fähigkeiten zu verwirklichen. Der Lehrer soll das Kind fortwährend beobachten und ihm auf dem Fuß folgen, damit er imstande ist, dem Kind das geben zu können, was es nötig hat. Hieraus folgt das *Prinzip der Wahlfreiheit:* Das Kind trifft selber Entscheidungen darüber, was es tun will, und der Lehrer als Begleiter sorgt dafür, daß das Kind soziale und intellektuelle Aufgaben hat, die seinem Entwicklungsniveau entsprechen. Zeigt es sich, daß eine Aufgabe zu schwer ist, so wird sie für später aufgehoben. Wahlfreiheit in der Montessori-Pädagogik bedeutet nicht "laisser faire" (geringfügige oder keine Lenkung und Kontrolle), da eine einmal angefangene Aufgabe auch zu Ende geführt werden muß.

Die für das Kind *vorbereitete (Lern-)Umgebung* setzt voraus, daß sich der Lehrer eher ermutigend und helfend verhält als dirigierend und kontrollierend. Nur so kann der Schüler erfahren, daß er selber und nicht der Lehrer die Richtung seiner Entwicklung bestimmt. Gleichzeitig erfährt der Schüler so, daß er etwas zustande bringen kann, wodurch sein Selbstwertgefühl gestärkt wird. Es ist ausgesprochenes Ziel des Lehrers, den Entwicklungs- und Lernbedürfnissen eines jeden Kindes entgegenzukommen, indem frei gewähltes und selbständiges Arbeiten angeregt und möglich gemacht wird und die Lernumgebung möglichst einladend für alle Schüler gestaltet wird. Auf diese Art bestimmt der Schüler selber in gewissem Sinne das Niveau und das Tempo seines Fortschritts.

Ein oft falsch verstandener Begriff in der Montessori-Pädagogik ist die *kosmische Erziehung*. Wir würden heute von milieubewußter Erziehung, Umwelterziehung sprechen. Mit kosmischer Erziehung meint Montessori nämlich eine Erziehung, die zum Verantwortungsbewußtsein gegenüber der Umwelt führt. So lernt das Kind bereits im Kindergarten, wie eine Pflanze oder Blume versorgt werden muß. Es lernt die gegenseitige Abhängigkeit zu verstehen: Wird die Pflanze gut versorgt, dann wächst sie gut und sieht schön aus – damit gibt sie dem Menschen etwas Gutes. Wird die Pflanze jedoch schlecht oder überhaupt nicht versorgt, dann wird sie häßlich, wird welk oder stirbt gar – sie kann dann dem Menschen nichts Schönes geben.

Die Montessori-Grundschule hat nicht, wie üblich, eine Gruppierung nach Jahrgangsklassen, sondern eine vertikale Gruppierung, d. h., in einer Klasse sind zumeist Schüler von drei verschiedenen Schülerjahrgängen. Da die Grundschule in den Niederlanden acht Grundschuljahre kennt, wird hier in Unter-, Mittel- und Oberstufe unterteilt. In der Montessori-Schule werden demnach in derselben Klasse Schüler aus verschiedenen Schülerjahrgängen "unterrichtet". In einem derartigen Klassenverband kann ein Schüler für sich arbeiten, er kann sich einer Gruppe anschließen, oder einige Schüler können sich zur Projektarbeit zusammentun. Kooperatives Lernen (der Bessere hilft dem Schwächeren) kann genausogut verwirklicht werden wie Fähigkeitsgruppierung, ohne daß der Eindruck entsteht, daß für die hochbegabten Schüler "Sonderangebote" bereitgestellt werden.

Montessori-Prinzipien werden auch in zunehmendem Maße in Sekundarschulen angewandt. *Vorbereitung der Umgebung* bedeutet dann, daß die Schüler Zugang haben zu allen Fachzimmern in der Schule, wie Bibliothek, Musikraum oder Aula; gleichzeitig wird die Umgebung ausgedehnt, indem Museen, historische Gebäude, botanische Gärten oder andere Einrichtungen der Gemeinde mit einbezogen werden. Die folgenden Montessori-Prinzipien sind vor allem auch für die 12- bis 18jährigen wertvoll:

- selbständiges und unbeaufsichtigtes Arbeiten;
- es kann gewechselt werden von individueller zu gemeinschaftlicher Arbeit;
- eigene Ideen und Interessen werden erwartet und nicht als unzulänglich betrachtet;
- individuelles Lerntempo wird respektiert und akzeptiert;
- verantwortliche Einstellung gegenüber der Umgebung (Gesellschaft, Natur und Kultur) wird betont: kosmische Erziehung.

Kurz und prägnant könnte man die Montessori-Prinzipien auch wie folgt zusammenstellen:

- Montessori-Unterricht ist individuell ausgerichtet; jedes Kind bekommt Unterricht nach Maß.
- Unterschiede in Anlage/Fähigkeiten und Lerntempo werden respektiert und akzeptiert.
- In einer Montessori-Klasse ist der Lehrer ein Begleiter, der sich ganz der eigengearteten Entwicklung eines jeden Kindes widmet.
- Montessori-Erziehung in der Sekundarschule ist eine Fortsetzung der Grundschule und stützt sich auf dieselben erzieherischen und unterrichtlichen Prinzipien.
- Selber tun, selber entdecken und selber erfahren führen zur Entwicklung von Selbständigkeit und dazu, daß man lernt, Verantwortung zu tragen: *Lehre mich, es selbst zu tun!*

Die Prinzipien der Montessori-Pädagogik wurden hier kurz als Beispiel reformpädagogischer Maßnahmen besprochen. Kindzentrierte schulische Erziehung wird in vielen Schulen realisiert, auch ohne daß ein Erziehungs- und Unterrichtskonzept mit einem bestimmten Namen oder Modell verbunden wird. Nachdem wir bisher mit einer Vielfalt von begabungsfördernden Maßnahmen vor allem von Amerika her konfrontiert wurden, wäre es an der Zeit, unsere eigenen, europäischen Konzepte im Hinblick auf Begabtenförderung zu analysieren und zu systematisieren. Dabei würden wir sicherlich fündig werden (Mönks 1995 a).

12. Begabtenförderung bedeutet: gleiche Entwicklungschancen für alle

Es hat mal jemand gesagt, "es gibt kein größeres Unrecht, als Ungleiche gleich zu behandeln". Dies ist eine exakte Umschreibung des Kerns der Problematik, in der sich hochbegabte Schüler in den meisten Ländern Europas befinden. Die *Schulgesetzgebung* bietet den Schülern in den meisten Ländern Europas eine günstige Perspektive im Hinblick auf unterrichtliche Betreuung, die sich am Schüler als Einzelwesen orientiert. In Wirklichkeit ist es jedoch so, daß *Schulordnung* und *Unterrichtsprogramm* kaum Raum bieten für die Lernbedürfnisse des einzelnen Kindes. Vor allem, wenn ein Schüler sich zu weit nach oben hin vom Durchschnitt entfernt, ist Einzelbetreuung nicht vorgesehen, oder sie wird aus Zeitgründen einfach abgelehnt.

So wird in der niederländischen Gesetzgebung dem Grundschulkind garantiert, daß "der Unterricht so gestaltet wird, daß die Schüler einen kontinuierlichen Entwicklungsprozeß durchlaufen können. Maßstab für die Einrichtung des Unterrichts ist der Entwicklungsfortschritt der Schüler". Eine derartige gesetzliche Vorgabe bietet genügend Raum für begabungsfördernde Maßnahmen. Dennoch wird im weiteren Wortlaut des Gesetzes mit keinem Wort erwähnt, daß Hochbegabung für die Schule Anlaß sein kann für besondere Maßnahmen. Es muß demnach darauf hingewirkt werden, daß auch das begabte Kind entsprechend seinem Tempo und seiner Fähigkeiten im Rahmen der Gesetzesanwendung erfaßt wird.

Sehr begrüßenswert ist in diesem Zusammenhang die Initiative einiger Bildungspolitiker des Europaparlaments, die eine gesetzliche Verankerung in allen Ländern Europas erwirken wollen, damit alle Schüler ein differenziertes Lehrstoffangebot bekommen und weiterhin, daß dieses Recht auf begabungsfördernde Maßnahmen auch kontrolliert wird. Differenzierung, d. h. "Unterricht nach Maß", ist für alle Begabungsebenen am gerechtesten und am besten.

Die ausführlichen Falldarstellungen von Jutta und Thomas haben deutlich gemacht, daß angemessene Förderung von hochbegabten Kindern und Jugendlichen eine gute Zusammenarbeit zwischen Fachleuten, Eltern und Lehrern voraussetzt. Der Kenntnisstand hinsichtlich der Erkennung und Förderung von Hochbegabung ist noch sehr lückenhaft. Tatsache ist auch, daß die Notwendigkeit, diese Kenntnis zu erwerben und spezifische Förderung zu geben, noch längst nicht von jedermann anerkannt wird. Im allgemeinen ist das heutige Unterrichtssystem hierauf (noch) nicht eingestellt. Letztlich sind hochbegabte Schüler abhängig vom guten Willen und von der Einsicht der Lehrer und – ganz besonders – von den Anstrengungen ihrer Eltern.

Wenn wir nach Möglichkeiten der Begabtenförderung in der Schule suchen, dann bieten sich folgende Möglichkeiten an, wobei gesagt werden muß, daß sich die genannten Fördermaßnahmen von der Grundschule bis zum Gymnasium einsetzen lassen, wenn entsprechende Veränderungen vorgenommen werden. Die Auflistung und Besprechung ist nicht vollständig und ist auch nicht die Wiedergabe einer Stufenfolge. In manchen Schulen lassen sich einige dieser Maßnahmen, in anderen wieder andere verwirklichen (s. hierzu auch Wagner 1990).

1. Hilfslehrkraft

In vielen amerikanischen Schulen gibt es den "resource teacher" (hier übersetzt mit Hilfslehrkraft); an niederländischen Schulen gibt es häufig einen "remedial teacher", was auch am besten mit Hilfslehrkraft übersetzt werden kann. Während die Hilfslehrkraft in den Niederlanden eingesetzt wird, um schwachen und problematischen Schülern zu helfen, ist die Hilfslehrkraft in Amerika für die schnellen Lerner, für die Lernbegierigen und die Lernwilligen da. Es geht hierbei vor allem darum, anreichernden und vertiefenden Lehrstoff anzubieten und Wege zu finden, wie der betreffende Schüler am besten seine Interessensgebiete vertiefen kann. Oft kann eine solche Lehrkraft auch Hilfe leisten beim schnelleren Durcharbeiten von planmäßigem Stoff. – Auf unser Anraten hin haben sich an niederländischen Schulen Hilfslehrkräfte auch mit hochbegabten Schülern befaßt. Wenn auch die Erfahrungen noch selten sind, kann gesagt werden, daß es in allen Fällen eine große Zufriedenheit gab, beim Schüler *und* beim Lehrer.

2. Projekte

Wie im Falle Juttas sind Projekte, die vom Einzelschüler oder in der Gruppe durchgeführt werden, sehr geeignete begabungsfördernde Maßnahmen, weil dadurch den lernwilligen Schülern Gelegenheit gegeben wird, sich voll einzusetzen, ohne daß dabei ein "Sonderstatus" in der Klasse entsteht.

3. Arbeitsgemeinschaften

als Zusatzangebote zum regulären Lehrplan sind in Deutschland sehr verbreitet. Hier bieten sich Möglichkeiten für Kinder und Jugendliche, mit Entwicklungsgleichen in altersheterogenen Gruppen zusammenzusein, ohne jedoch den normalen Klassenverband aufgeben zu müssen.

So werden seit 1985 im Lande Baden-Württemberg im Rahmen des Programmes "Förderung besonders befähigter Schüler" Arbeitsgemeinschaften als begabungsfördernde Maßnahme angeboten. Diese Förderung umfaßt Hauptschule, Realschule, Gymnasium und Berufsschulen. Die Auswahlkriterien beziehen sich auf Aspekte wie Begeisterungsfähigkeit und Neugier, Einfallsreichtum, Begabung für das Fach, Ausdauer bei der Verfolgung eines Zieles, Belastbarkeit, Durchhaltevermögen, Fähigkeit zur Teamarbeit.

Derartige Arbeitsgemeinschaften sind in der Regel leicht zu organisieren, wenn der Rahmenplan feststeht. In entwicklungspsychologischer Hinsicht bieten sie große Möglichkeiten für das sozial-emotionale Heranwachsen unter Gleichgesinnten.

4. Renzullis Drehtürmethode

Der Amerikaner Renzulli entwickelte dieses Modell als begabungsfördernde Maßnahme. Das Prinzip: Der Schüler verläßt den regulären Unterricht zu festgesetzten Zeiten, während bestimmter Stunden. Er kann die Klasse verlassen, weil er den regulären Stoff schneller durchgearbeitet hat. In der Jena-Plan-Schule ist im Stammgruppensystem mit Niveauunterricht in altersheterogenen Gruppen hierfür Raum. Im Grunde ist die Drehtürmethode für alle Schüler geeignet. Es geht darum zu vermeiden, daß Schüler faul werden, weil sie nicht genügend gefordert werden. Unterforderung führt zu Interesselosigkeit und Faulheit. Diese Drehtürmethode kann verwandt werden bei Schülern, die z. B. ein höheres Rechen- oder Leseniveau haben als die eigene Klasse. Der Schüler geht dann für den Rechen- oder Leseunterricht in eine höhere Klasse. Die Methode kann auch angewandt werden, wenn ein Schüler an einem länger laufenden Projekt arbeitet. Er verläßt dann die Klasse für bestimmte Zeiten, um in der Bibliothek, im städtischen Museum oder bei einem Experten Information zu sammeln, die er für seine Projektarbeit benötigt.

5. Spezialklassen

In derartigen Klassen, die innerhalb einer Schule für begabte Schüler eingerichtet werden, kann ein Enrichment-Programm angeboten werden, und die Schulzeit kann schneller durchlaufen werden.

In den Niederlanden sind die Kindergärten und Grundschulen zu dem Schultyp "Basisschule" zusammengefaßt, die acht Jahrgangsklassen umfaßt (Gruppe 1 bis Gruppe 8). Das Schulgesetz ermöglicht es, daß die jüngsten begabten Schüler beispielsweise die ersten beiden Gruppen schneller durchlaufen.

Ein begabungsförderndes Programm, bei dem 6 Fächer auf 10 Fächer ausgedehnt werden, wird auf Taiwan oder seit 1984 in der Republik Singapur erfolgreich angeboten. Die Zusammenstellung der Schüler in derartigen Klassen erfolgt durch ein testpsychologisches Auswahlverfahren. Dabei werden die besten 2 % in der Grundschule und in weiterführenden Schulen ausgewählt. Außer Vertiefung und Anreicherung des Unterrichtsstoffes wird vor allem auf die Entwicklung der folgenden Gebiete hingewirkt: Kreativität, kritisches Denken, intellektuelle Initiative, soziales Bewußtsein, Führungsqualitäten.

Das Enrichment-Programm in Singapur stellt drei Ziele zentral: (1) Entwicklung und Anwendung höherer Denkstrategien, (2) Vertiefung und Erweiterung des Lernens durch selbständiges Arbeiten und (3) Zur-Verfügung-Stellen von Dokumentations- und Informationsmaterial, das anspruchsvoll, modern und verschiedenartig ist.

Anfangs wurde dieses Programm argwöhnisch betrachtet und beurteilt, sowohl von Lehrern wie von Eltern. Auch Neid meldete sich bei manchen Eltern. Diese negativen Begleitumstände verschwanden schnell, weil allen Beteiligten bewußt wurde: Alle Kinder werden entsprechend ihren Fähigkeiten gefördert. Nicht alle können dasselbe Tempo vorlegen und dieselbe Menge an Stoff verarbeiten. Demnach muß diesen Unterschieden Rechnung getragen werden, damit jeder Schüler Gelegenheit hat, sich bestmöglich zu entwickeln.

6. D-Zug-Klassen

sind Sonderklassen – zumeist nur im Sekundarschulbereich –, zusammengestellt aus hochbegabten Schülern, die das Lehrpensum im beschleunigten Tempo durchlaufen. Hierzu gibt es in Deutschland in einigen Ländern Erfahrungen (z. B. Hamburg und Rheinland-Pfalz; s. hierzu auch Wagner 1990).

Manche Pädagogen und Wissenschaftler sehen hierin die einzig wirkliche Möglichkeit, sehr begabte Schüler entsprechend ihren Fähigkeiten zu fördern. Zu Unrecht wird in diesem Zusammenhang häufig ein Eliteverdacht geäußert mit dem Argument, "denen, die doch schon so viel haben, soll nicht noch mehr gegeben werden"!

Erfahrungen auf breiter Grundlage gibt es bisher nur in den Vereinigten Staaten und in der Volksrepublik China. So gibt es in China seit 1984 im Primar- und Sekundarschulbereich zahlreiche Klassen dieser Art. Die Schüler durchlaufen vielfach das sechsjährige Primarschulprogramm in vier Jahren; wenn sie dann noch das ebenfalls sechsjährige Sekundarschulprogramm in vier Jahren absolvieren, können sie im Alter von 13/14 Jahren zur Universität gehen (Mönks/Peters 1996). Es ist begreiflich, daß Gegner dieser radikalen Beschleunigung nicht so sehr den Elitegedanken in den Vordergrund stellen, sondern die soziale und pädagogische Problematik und die möglichen Schäden für die Persönlichkeitsentwicklung.

Deutlich ist, daß es hier entwicklungspsychologische und pädagogische Fragen gibt, die wir bisher nur ungenügend beantworten konnten. Es reicht nicht aus, wenn die Befürworter dieser Radikalkur die zweifellos auch positiven Seiten dieser Akzeleration betonen. Es wäre außerdem an der Zeit, daß es in den verschiedenen Ländern Europas schulorganisatorisch ermöglicht wird, derartige Klassen einzurichten, die dann auch wissenschaftlich begleitet werden müßten. Aus unserer Sicht sollte man vermeiden, ein allzu schnelles Tempo einzuschlagen.

7. Reformschulen

Wir haben bereits darauf hingewiesen, daß die reformpädagogische Bewegung zu Anfang dieses Jahrhunderts Reformen eingeleitet und realisiert hat, die der harmonischen Entwicklung des Kindes dienen sollten. Das Kind in seiner Einzigartigkeit wurde zentral gestellt. Am Beispiel der Montessori-Pädagogik ist deutlich geworden, daß reformpädagogische Bestrebungen auch dem hochbegabten Kind entgegenkommen, da die Einzigartigkeit eines jeden Kindes Ansatzpunkt für pädagogische und didaktische Betreuung ist. Die spezifischen begabungsfördernden Maßnahmen, der "verborgene Lehrplan für das hochbegabte Kind" müßten mehr, als es bisher geschieht, erschlossen und offengelegt werden.

8. Individualisierung des Lehrstoffangebots

Wir konnten lesen, daß die Grundschule, die Thomas besuchte, eine Unterrichtsmethode anwandte, bei der ein individuelles Lehrstoffangebot zentral war. Das heißt, jedes Kind bekam "Unterricht nach Maß". Es war eine ganz normale Grundschule ohne besonderes Reformprogramm. Für die Durchführung individualisierender und begabungsfördernder Maßnahmen braucht eine Schule nicht eine Reformschule zu sein. Sie muß eine flexible Organisationsform und begeisterte Lehrer haben, und es sollten folgende Aspekte berücksichtigt werden:

Fördermaterial und -möglichkeiten müssen vorhanden sein. Das Material soll variationsreich, anspruchsvoll und anregend sein. Möglichkeiten der Anreicherung des normalen Unterrichts und beschleunigtes Durcharbeiten von Lehrstoff sollten die Regel und nicht die Ausnahme sein.

Herausforderung. Der gebotene Lehrstoff und das verfügbare Material sollten von solcher Qualität sein, daß sich hochbegabte Schüler angesprochen fühlen, sich anzustrengen; es sollte so motivierend sein, daß sie das gesteckte Ziel unbedingt erreichen wollen. Motivation liefert nicht nur die nötige Energie und das Durchhaltevermögen, sondern trägt auch dazu bei, daß man eine Sache "liebgewinnt".

Umgang mit anderen Schülern. Eingehen auf die Einzigartigkeit eines begabten Schülers bedeutet nicht, daß er oder sie isoliert erzogen wird. Vielmehr ist der Umgang mit anderen Schülern und insbesondere Gleichbegabten von wesentlicher Bedeutung für eine gesunde Entwicklung. Das hochbegabte Kind soll in der Schule Gelegenheit haben, verschiedene soziale Aktivitäten und Beziehungen zu realisieren. Dazu gehört Umgang mit Begabungsgleichen und Umgang mit Schülern, die zwar gleichaltrig sind, jedoch intellektuell ein anderes Niveau haben. Kooperatives Lernen – "der Stärkere hilft dem Schwächeren" – ist für den Hochbegabten, wenn sie richtig dosiert wird, sehr nützlich.

Beratung. Eltern, Lehrer und auch hochbegabte Schüler sollten die Möglichkeit haben, sich beraten zu lassen über Höhe und Schwerpunkt der Begabung, welche Fördermaßnahmen hierzu passen u. a. Schulpsychologische Dienste sind oft ungenügend vorbereitet auf diesbezügliche Fragen, oft fehlt einschlägiges Wissen im Hinblick auf Hochbegabung.

Lehrerfortbildung ist hinsichtlich des Erkennens und Förderns von hochbegabten Schülern eine bittere Notwendigkeit, hier besteht ein großes Nachholbedürfnis. Lehrern aller Schulgattungen fehlen oft jede Grundkenntnis und jegliches Verständnis in Sachen Hochbegabung. Auf Fortbildungstagungen sollten auf jeden Fall folgende Themen behandelt werden: "Was ist Hochbegabung?", "Wie und woran kann man sie erkennen?", "Wie können hochbegabte Schüler in der Normalschule am besten gefördert werden?" Alle obengenannten Aspekte einer angemessenen Begabtenförderung sind nur dann realisierbar, wenn Lehrkräfte über entsprechendes Rüstzeug verfügen. – Nach einer Lehrerfortbildungstagung zum Thema Hochbegabung schrieb ein Lehrer: "Nach dieser Fortbildungstagung stehe ich dem Phänomen 'Hochbegabung' völlig anders gegenüber. Ich weiß jetzt so viel, daß ich mich weiter orientieren kann und das auch tun werde." Dies ist keine vereinzelte Aussage. Seit 1992 führen wir regelmäßig an unserem Zentrum für Begabungsforschung (Universität Nijmegen) Fortbildungstagungen für Basisschullehrer durch. Immer wieder zeigt sich, daß für fast alle Lehrer "Hochbegabung" ein unbekanntes Gebiet ist.

Lehrerausbildung sollte fortan auch "Erkennung und Förderung von begabten Schülern" im Programm haben. Wenn Lehrer bereits in ihrer Ausbildung mit Fragen der Hochbegabung vertraut gemacht werden, wird nicht nur eine Lücke gefüllt, sondern es wird eine Grundlage geschaffen, damit all die begabten und talentierten Kinder und Jugendlichen eine Erziehung und Förderung bekommen, die ihren Anlagen und Fähigkeiten entspricht.

9. Außerschulische Programme

Schulen können auch einen wichtigen Beitrag zu außerschulischen begabungsfördernden Maßnahmen bieten, indem sie außerhalb der Schulzeit Räumlichkeiten und Mittel zur Verfügung stellen. Das kann sich auf die verschiedensten Gebiete beziehen, wie Schach- oder Computerclub, ein Club für Sternkunde oder Mineralogie oder auch Umgebungskunde mit dem Ziel, umweltfreundliche "Erfindungen" zu machen.

Derartige Programme können zusammen mit Elternbeiräten als Zusatzangebote aufgestellt werden. Eltern können natürlich auch außerhalb der Schule Fördermaßnahmen anbieten, mit oder ohne Hilfe der Schule. Die früher erwähnten *Schülerakademien, Samstagsclubs* und *Ferienlager* gehören dazu.

Wir hoffen, daß die Leserinnen und Leser in diesem Büchlein informative und ratgebende Hinweise gefunden haben. Gute und sachkundige Information ermöglicht es, gezielt zu suchen und Lösungswege zu finden. Dieses Buch ist gewiß kein Rezeptebuch. Erziehung ist nie eine Anwendung von Rezepten, jedes einzelne Kind ist einzigartig und erfordert eine zu ihm passende Erziehung. Auch Hochbegabte sind Einzelwesen, die von Eltern und Lehrern angemessen erzogen und begleitet werden sollten. Wir hoffen, daß dieser Leitfaden vielen Eltern und Lehrern eine Hilfe bei der Erziehungsaufgabe ist, so daß viele Kinder und Jugendliche glücklich und zufrieden heranwachsen.

Literatur

Brandt, V. (Hrsg.) (1997): Schülerakademien – Programm 1997. Bonn-Bad Godesberg: Bildung und Begabung e. V.

Bundesminister für Bildung und Wissenschaft (1996): Begabte Kinder finden und fördern. Bonn: Presse- und Öffentlichkeitsarbeit

Haberl, H. (Hrsg.) (1993): Montessori und die Defizite der Regelschule. Freiburg/Wien: Herder

Hany, E. A. (1987): Modelle und Strategien zur Identifikation hochbegabter Schüler. Unveröffentlichte Dissertation, Ludwig-Maximilians-Universität München

–, Nickel, H. (Hrsg.) (1992): Begabung und Hochbegabung. Göttingen: Huber

Heller, K. A. (Hrsg.) (1991): Begabungsdiagnostik in der Schul- und Erziehungsberatung. Göttingen: Huber

Holtstiege, H. (1991): Erzieher in der Montessori-Pädagogik. Freiburg i. Br.: Herder

Marland Jr., S. (1972): Education of the Gifted and Talented. Washington, D. C: U. S. Government Printing Office

Mönks, F. J. (1992): Entwicklung und Förderung von hochbegabten Kindern und Jugendlichen. In Oswald, F., Klement, K. (Hrsg.): Begabungen – Herausforderung für Bildung und Gesellschaft. Wien: J & V Schulbuchverlag

– (1995 a): Unterricht nach Maß – auch für begabte Schüler. In Haberl, H. (Hrsg.): Integration und Montessori-Pädagogik. Freiburg i. Br.: Herder, 48 – 57

– (1995 b): Hochbegabung – Ein Mehrfaktorenmodell. Grundschule 28/5, 15 – 18

– (1996): Elite-Debatte im Scheinwerfer. Psychologie in Erziehung und Unterricht 43, 219 – 224

–, Knoers, A. M. P. (1996): Lehrbuch der Entwicklungspsychologie. München/Basel: Ernst Reinhardt (UTB)

–, Peters, W. A. M. (1996): Selbstkonzept und kognitive Fähigkeiten bei hochbegabten und normalbegabten Jugendlichen. In Schumann-Hengsteler, R., Trautner, H. M. (Hrsg.): Entwicklung im Jugendalter. Göttingen: Hogrefe, 119 – 141

–, Ypenburg, I. H. (1993): Hoogbegaafde kinderen thuis en op school. Assen/Maastricht: Dekker & van de Vegt

Renzulli, J. S., Reis, S. M., Smith, L. H. (1981): The revolving door identification model. Mansfield Center, Connecticut: Creative Learning Press

Stamm, M. (1992): Hochbegabungsförderung in den Deutschschweizer Volksschulen. Dissertation Universität Zürich

Urban, K. K. (Hrsg.) (1990): Besonders begabte Kinder im Vorschulalter. Heidelberg: HVA/Edition Schindele

Wagner, H. (Hrsg.) (1990): Begabtenförderung in der Schule. Pädagogische Modelle in der Diskussion. Bad Honnef: Bock

Webb, J. T., Meckstroth, E. A., Tolan, S. S. (1985): Hochbegabte Kinder – ihre Eltern, ihre Lehrer. Bern: Huber

»Kinder sind Kinder«

Diese Reihe bietet Rat und Informationen all denen, die täglich mit Kindern zu tun haben. Die handlichen Taschenbücher stellen aktuelle Themen aus dem Alltag mit Kindern dar und helfen, Probleme richtig zu erkennen, zu vermeiden oder ihren Anfängen entgegenzuwirken.

BAND 1

Alfred Zuckrigl

Linkshändige Kinder in Familie und Schule

5., ergänzte Auflage 1995. 96 Seiten. kt (3-497-01370-6)

Linkshänder gibt es überall und zu allen Zeiten. Manche haben Schwierigkeiten in der Rechtshänderzivilisation und können sich nicht ihrer Veranlagung gemäß entfalten. Prof. Dr. Zuckrigl, der auf diesem Gebiet auf reiche Erfahrung zurückgreifen kann, erklärt auf verständliche Weise die Zusammenhänge zwischen Gehirnorganisation und Händigkeit. Er bietet wissenschaftlich begründete Entscheidungshilfen an, u. a. für die Wahl der Schreibhand. Neben Funktionsproben und Testverfahren werden vor allem Methoden gezeigt, wie wir linksveranlagte Kinder fördern können.

BAND 2

Erwin Richter / Walburga Brügge / Katharina Mohs

Wenn ein Kind anfängt zu stottern

Ratgeber für Eltern und Erzieher

3., neubearbeitete Auflage 1998. 75 Seiten. kt (3-497-01450-8)

“Und da, und da – ich bin mit – mit dem Puzzle die Treppe runtergefallen.” Unflüssiges Sprechen kommt im Vorschulalter häufig vor. Nicht immer handelt es sich dabei um Stottern. Gibt es Merkmale zur Unterscheidung von entwicklungsbedingten Unflüssigkeiten und beginnendem Stottern? Wann sollten sich Eltern um Hilfestellung bemühen? Dieses Buch wendet sich an alle, die Kinder im Vorschulalter oder in der Grundschule betreuen. In diese neubearbeitete Auflage wurde zusätzlich ein Kapitel über den Verlauf der Sprachentwicklung des Kindes aufgenommen, mit Hinweisen, wie Eltern die Sprachentwicklung ihres Kindes unterstützen können.

Ernst Reinhardt Verlag München Basel

BAND 4

Gertraud Kietz

Kinder erleben und verstehen

1982. 112 Seiten. kt (3-497-00987-3)

Kinder sind Menschen mit Vorzügen und Schwächen wie wir Erwachsene. Jedes Kind ist völlig einmalig. Wenn wir es allein mit dem Verstand erfassen wollen, bleibt uns das Wichtigste verborgen. Wir brauchen vor allem ein achtsames Hinschauen und Hinhören, ein einfühlendes Mitschwingen und Antworten. Die Autorin hat ein reizendes Büchlein geschrieben, das alle Babysitter und alle verwandten und benachbarten Betreuer unserer Kinder als "Dankeschön" geschenkt bekommen sollten.

BAND 5

Heinrich Kratzmeier

Schule – unheimlich wichtig

1982. 80 Seiten. kt (3-497-00988-1)

Schule ist wichtig: für die Lehrer, die Eltern, die Erzieher – vor allem jedoch für die Kinder. Für die Kinder entscheidet die Schule über ihre Bildung, ihre Ausbildung, ihren weiteren Lebensweg, manchmal über ihr Schicksal. Deshalb ist Schule auch unheimlich. Wenn wir sagen, es sei etwas "unheimlich wichtig", dann haben wir schon den Schlüssel gefunden, die Unheimlichkeit zu überwinden – indem wir miteinander über die kleinen und großen Ängste sprechen.

BAND 6

Beate Lohmann

Müssen Legastheniker Schulversager sein?

3., aktualisierte Auflage 1997. 109 Seiten. 12 Abb. kt (3-497-01422-2)

Lese- und Rechtschreibschwäche ist für die betroffenen Familien und vor allem für die Kinder selbst eine große seelische Belastung. Legasthenie zu erkennen und richtig damit umzugehen, ist deshalb von zentraler Bedeutung. Eine falsche Einschätzung kann das Schul- und Berufsleben deutlich beeinträchtigen. Eltern und Schule müssen die besondere Entwicklung dieser Kinder erkennen und ihre speziellen Begabungen fördern lernen.

BAND 7

Ernst J. Kiphard

Unser Kind ist ungeschickt

Hilfen für das bewegungsauffällige Kind

4., aktualisierte Auflage 1996. 83 Seiten. kt (3-497-01404-4)

Das Anliegen des Autors ist es, mehr Verständnis für die Schwierigkeiten des bewegungsauffälligen Kindes zu erreichen, und zwar in erster Linie für die Eltern als diejenigen, welche zuerst mit den Problemen ihrer Kinder konfrontiert werden. In zweiter Linie geht es darum, Erzieher und Lehrer zu informieren, damit der Lebensweg dieser Kinder nicht zu einem Leidensweg wird.

BAND 8

Heinz-Lothar Worm

Fünf Fragen an den Elternberater

Zählenlernen, Farbenkennen, Geschwisterverhalten, Bettnässen, Straßenverkehr

1984. 66 Seiten. kt (3-497-01059-6)

Ein Erfahrungsbericht aus der Praxis einer Erziehungsberatungsstelle. Der Autor zeigt, welche Ursachen es haben kann, wenn Kinder sich schwertun, zählen zu lernen, Farben zu unterscheiden oder ein neues Geschwisterchen zu akzeptieren. Er zeigt Möglichkeiten der Hilfe auf und gibt Anregungen für alle, die mit der Erziehung kleiner Kinder betraut sind.

BAND 9

Erwin Richter / Walburga Brügge / Katharina Mohs

So lernen Kinder sprechen

Die normale und die gestörte Sprachentwicklung

3., neubearbeitete Auflage 1997. 94 Seiten. kt (3-497-01424-9)

Dieses Buch gibt Eltern und ErzieherInnen einen Überblick über Voraussetzungen und Verlauf der normalen Sprachentwicklung. Mögliche Störungen werden aufgezeigt und erklärt. Die AutorInnen zeigen den Eltern, wie sie die Sprachentwicklung ihres Kindes unterstützen und fördern und wie sie fachliche Beratung und Therapie finden können.

Ernst Reinhardt Verlag München Basel

BAND 10

Francis X. Walton / Robert L. Powers

Vertrauen und Verantwortung zwischen Kindern und Erwachsenen

1984. 77 Seiten. kt (3-497-01075-8)

Kindern Vertrauen in sich selbst und die anderen mitzugeben und in ihnen Verantwortungsgefühl zu wecken ist nicht immer leicht. Mit diesem Buch soll Lehrern, pädagogischen Beratern und Eltern Hilfestellung bei ihrer täglichen Arbeit mit Kindern gegeben werden. Der Ratgeber ist individualpsychologisch orientiert; die hier empfohlenen Methoden und Grundsätze haben sich in vielen Fällen bewährt, um Kinder und Jugendliche zur Zusammenarbeit und zur Übernahme von Verantwortung zu bewegen und ihnen Vertrauen in ihre eigenen Fähigkeiten zu vermitteln.

BAND 11

Manfred Berger

Der Übergang von der Familie zum Kindergarten

Anregungen zur Gestaltung der Aufnahme in den Kindergarten

2., neubearbeitete Auflage 1997. 107 Seiten, 15 Abb. kt (3-497-01428-1)

Dieser Ratgeber ist allen ErzieherInnen im Kindergarten zu empfehlen, und sollte den Eltern, die ihr Kind im Kindergarten anmelden, in die Hand gegeben werden. Der Eintritt in den Kindergarten, ein wichtiger Lebensabschnitt für das Kind, stellt hohe Anforderungen an seine sozial-emotionale Anpassungsfähigkeit. Doch er fordert nicht nur vom Kind eine Neuorientierung, sondern stellt auch Eltern und ErzieherInnen vor belastende Situationen. Trennungsangst, “Kindergartenreife” und die Übergangsprobleme werden verständlich besprochen. Der Autor gibt praktische Ratschläge, wie die Aufnahme in den Kindergarten am besten gestaltet werden kann. Durch Bildmaterial unterstützt, gibt dieses Buch hilfreiche Anregungen und Tips, um Schwierigkeiten beim Eintritt in den Kindergarten vorzubeugen.

Ernst Reinhardt Verlag München Basel

BAND 12

Andreas Mehringer

Eine kleine Heilpädagogik

Vom Umgang mit schwierigen Kindern

10. Auflage 1998 (40. Tsd.). 98 Seiten. kt (3-497-01463-X)

Schwierige, "verhaltensgestörte" Kinder – wer hilft ihnen? Was ist das Einfachste, das Notwendigste, das Wichtigste im Umgang mit diesen Kindern? Der Autor nennt sieben ausführlich dargestellte Regeln für den Umgang mit schwierigen Kindern, darunter z. B.: das Kind in seiner Eigenart wahrnehmen und so akzeptieren, wie es ist, es in die Gruppe intregrieren, eine Lebensperspektive für das Kind suchen. – Dieses Büchlein, bereits ein Klassiker, ist die im besten Sinne des Wortes einfache Ratgebung eines erfahrenen Heimleiters für Eltern, Pflegeeltern, Adoptiveltern, Lehrer, Erzieher, Heimerzieher, Kindergärtner und Gruppenleiter in der Jugendgruppe – als Anregung zum Vorbeugen.

BAND 13

Thomas Lang

Kinder brauchen Abenteuer

2., ergänzte Auflage 1995. 80 Seiten. kt (3-497-01369-2)

Aufregend muß es sein, spannend und am besten auch ein bißchen gefährlich: Zwischen Schulbeginn und Pubertät liegt die Zeit, in der Kinder sich ihren weiteren Lebensraum erobern, im Spiel nach draußen drängen auf der Suche nach Erlebnissen, Erfahrungen und Abenteuern. Thomas Lang erklärt, wie sich ihre Bedürfnisse zeigen und woher sie kommen – und auch, welche z. T. subtilen Hemmnisse von seiten der Erwachsenen das Abenteuer erschweren. Der Autor gibt Anstöße, wie Eltern, Lehrer, Sozialpädagogen und Sozialarbeiter den Kindern pädagogisch notwendige Abenteuer ermöglichen können.

Ernst Reinhardt Verlag München Basel

Franz J. Mönks / Alphons M. P. Knoers

Lehrbuch der Entwicklungspsychologie

Unter Mitarbeit von Alfons Marcoen und Ernest C. D. M. van Lieshout
Aus dem Niederländischen von Yves W. Fuchs
1996. 294 Seiten, 28 Abb., 14 Tab. gb (UTB Große Reihe 3-8252-8080-2)

Dieses Lehrbuch stellt die menschliche Entwicklung im Kontext der gesamten Lebensspanne bis zum Alter dar. Neueren Ergebnissen der pränatalen Forschung wird ebenso Raum gegeben wie der Diskussion klassischer Themen (Mutter-Kind-Beziehung, Piaget, Erikson). Dabei liegt der Schwerpunkt nicht einseitig auf der kognitiven Entwicklung; behandelt werden ebenso die körperliche, die psychische und die soziale Entwicklung.

Aus dem Inhalt

Theorien und Methoden der Entwicklungspsychologie

Die pränatale Periode und das erste Lebensjahr: Embryo und Fötus. Prä- und perinatale Einflüsse. Einstellung der Mutter. Soziale und Persönlichkeitsentwicklung. Körperliche und psychomotorische Entwicklung. Risikokinder. Postpartum-Depression

Das Kind zwischen dem 1. und dem 4. Lebensjahr: Körperliche und psychomotorische Entwicklung. Soziale und Persönlichkeitsentwicklung. Kinderzeichnungen. Sprachentwicklung

Das Kind im Kindergarten- und Schulkindalter: Körperliche und psychomotorische Entwicklung. Schulreife. Soziale und Persönlichkeitsentwicklung. Intelligenz und Schulerfolg. Kognitive Entwicklung. Kompensatorische Entwicklungsbeeinflussung. Hochbegabung

Die Jugendjahre: Pubertät und Jugendalter. Akzeleration. Sexualität. Selbständigkeitsstreben, Originalitätskrise. Gruppenkonformität. Moralische Einstellung. Erwachsensein, Mündigkeit, Emanzipation. Beruf

Der erwachsene und ältere Mensch: Entwicklungsphasen des Erwachsenseins. Intelligenz und Weisheit. Defizitmodell, Modell "Wachstum und Rückgang", Modell "Gezielte Verbesserung und Kompensation", Sexualität, Intimität und Partnerschaft

Entwicklungsstörungen und deviantes Verhalten